Paß mal auf!

INTERMEDIATE LISTENING PRACTICE

Richard Marsden
Head of Languages at The Minster School,
Southwell, Nottinghamshire

John Murray

Also available
Je t'écoute: Intermediate Listening Practice
ISBN 0 7195 7113 8 Cassettes 0 7195 7115 4

InfoFrance: Intermediate Reading Resource
ISBN 0 7195 8500 7

© Richard Marsden 1996
First published 1996
by John Murray (Publishers) Ltd
50 Albemarle Street, London W1X 4BD

Copyright and copying
All rights reserved. This publication is copyright and may not be copied except within the terms of a photocopying licence issued by the Copyright Licensing Agency or by specific permission of the publisher.

Layout by Rachel Griffin/Ray Shell Design
Illustrations by Art Construction
Cover photograph reproduced by courtesy of ZEFA
Typeset in 12/14 pt Garamond Light Condensed by Wearset, Boldon, Tyne and Wear
Printed and bound in Great Britain by St Edmundsbury Press, Bury St Edmunds

A CIP record for this book is available from the British Library

ISBN 0 7195 7114 6
Cassette set 0 7195 7116 2

CONTENTS

Acknowledgements		iv
Introduction		1
SITUATION 1	*Urlaubskrieg!*	2
SITUATION 2	*Fußball, mein Lieblingsspiel*	4
SITUATION 3	*Eine neue Wohnung*	6
SITUATION 4	*Stehlen? Was? Ich?*	8
SITUATION 5	*Mein Job – 1*	10
SITUATION 6	*Was ißt man eigentlich?*	12
SITUATION 7	*Jürgen – Schüler in den 30er Jahren*	14
SITUATION 8	*Militärdienst oder Zivildienst?*	16
SITUATION 9	*Karneval*	18
SITUATION 10	*Ich bin in Ost-Berlin geboren*	20
SITUATION 11	*Was sollte man anziehen?*	22
SITUATION 12	*Bist du Tierfreund?*	24
SITUATION 13	*Weihnachten*	26
SITUATION 14	*Sammi die Schlange*	28
SITUATION 15	*Männer gegen Frauen*	30
SITUATION 16	*Mein Job – 2*	32
SITUATION 17	*Fitneß? Ja, bitte*	34
SITUATION 18	*Mein Vater ist Türke*	36
SITUATION 19	*Abenteuer in China*	38
SITUATION 20	*Wie sieht man die Briten?*	40
SITUATION 21	*Wenn ich die Schule verlasse . . .*	42
SITUATION 22	*Knabberst du?*	44
SITUATION 23	*Goldmedaille für Schwimmen*	46
SITUATION 24	*Mein Auto – mein Freund*	48
SITUATION 25	*Haushalt*	50
SITUATION 26	*Das Interview – 1*	52
SITUATION 27	*Das Interview – 2*	54
Transcripts		57
Answers		72

Acknowledgements

The author and publishers would like to thank David Pratt, Claudia Eckert, Claudia Fabian, Christian Lekebusch, Martina Linnemann, Tobias Mertens and Stephan Ziemer for their roles in the recording and transcribing of the cassettes. The opinions expressed in the conversations are not necessarily theirs.

The author would also like to thank Ulla Hartley of the Anglo-German School, Nottingham, and Elizabeth Gobey, both of whom have provided invaluable advice and suggestions.

Introduction

The passages used in *Paß mal auf!* have been recorded unscripted by young German speakers. They will be useful to students in a variety of situations:

- Those approaching GCSE or Standard Grade who want to prepare themselves for the higher level listening questions

- Those who are about to embark on an A level or Higher course, and those who are in the early stages of these courses

- Those who need to consolidate their listening skills before tackling material from radio or TV

- Adult learners or those in further education who need listening practice but find passages recorded with school pupils in mind too childish or remote from their experiences.

The passages may be used in a number of ways: some students will want to work systematically through from the beginning, taking, say, one passage a week. Others may wish to work through the entire book (perhaps during the summer holiday before starting an A level course). Others may wish to dip in, choosing passages relevant to topics they are studying elsewhere.

Using the exercises

A selective vocabulary list is supplied for each passage, giving the meanings of those words most likely to be unfamiliar.

Bevor du zuhörst . . .

These exercises aim to help students feel their way into the passage. They use vocabulary from the passage and related areas in order to build up students' confidence.

Während du zuhörst . . .

A series of exercises of varying difficulty to be attempted whilst listening to the tape. It is best to play the passage through in full to get a feel for it, before attempting the exercises. While listening, students should pause the tape and rewind as often as needed.

Nachdem du zugehört hast . . .

A series of follow-up exercises giving opportunity for oral work or written work, for pair or group work or individual research.

It is hoped that students will find these exercises interesting, entertaining and useful and that they will genuinely 'listen for pleasure'.

A full transcript of all the passages is given, as well as answers to the exercises, so that students can work independently if desired.

SITUATION 1

Urlaubskrieg!

Christian, Sabine und Stephan besprechen ihre Urlaubspläne.

WORTSCHATZ

der Krieg(-e)	war, dispute
übernachten	to spend the night
begeistert	enthusiastic
das Lokal(-e)	pub
preiswert	cheap, good value
das Mittelalter	Middle Ages
unbedingt	definitely
besorgen	to get, obtain
die Schotten	the Scots
Schnickschnack!	rubbish!
faulenzen	to laze around
die Mauer(-n)	wall

Bevor du zuhörst . . .

1
- Was hast du in den letzten Sommerferien gemacht?
- Was machst du gern in den Ferien?
- Fährst du lieber mit Freunden oder mit deiner Familie weg?
- Bist du im Urlaub faul oder energisch?
- Magst du Kultur oder liegst du lieber in der Sonne?

Während du zuhörst . . .

2 Erwähnt man diese Städte/Gegenden, oder nicht?

> *Wales   Cornwall   York   Liverpool   Schottland   die Ostküste   die Südküste   Yorkshire   Cambridge   London   Dartmoor   Brighton   das Seengebiet   Bath   Lincoln   Stratford   Coventry   Dover   Oxford*

3 Wer sagt das – Christian, Sabine oder Stephan?

		Christian	Sabine	Stephan
a	It's cheap to spend the night in a youth hostel.	✓		
b	It's my car.		✓	
c	After a big English breakfast you don't need lunch.		✓	
d	There are not so many tourists in Scotland.			
e	I once saw Macbeth.		✓	
f	I think I'll go with someone else.			
g	Holidays are not just for lazing around.			
h	My friend worked in a hotel last year.			
i	We could spend a few days in London.			
j	We could have our evening meals in a pub or restaurant.		✓	
k	Scotland is said to have the best scenery.			
l	We could go for good walks.			
m	I'll go camping with another friend.			
n	The theatre is boring.	✓		
o	In the holidays you should do what you can't do at other times.			

SITUATION 1

4 Richtig oder falsch?
  a Christian hat eine Liste der Jugendherbergen und ein Handbuch dabei.
  b Stephan hat letztes Jahr in einem Hotel in Brighton gearbeitet.
  c Sabine ist sehr dafür, daß sie ein paar Tage in einer Jugendherberge in London verbringen.
  d Sabine will England und die Engländer richtig kennenlernen.
  e Sabine hat Lust, nach Oxford zu fahren, um die mittelalterlichen Colleges zu sehen.
  f Sie mag die Schauspiele von Shakespeare nicht.
  g Christian hat die typisch englischen Dörfer Nordenglands gern.
  h Er behauptet, daß die Engländer viel freundlicher sind als die Schotten.
  i Stephan hat Nachtleben und Partys gern.
  j Sabine hat vor zwei Jahren die römischen Ruinen in Bath besichtigt.
  k Christian findet es zu teuer, in den Großstädten zu bleiben.
  l Stephan entscheidet, mit Freunden nach Amerika zu fahren.

Nachdem du zugehört hast ...

5 Finde einen Partner/eine Partnerin.
Was macht er/sie gern im Urlaub? Sieh dir diese Liste an.
Im Urlaub:
- faulenze ich
- sehe ich gern alte Ruinen an
- liege ich gern stundenlang in der Sonne
- fahre ich gern Ski
- bin ich aktiv: ich treibe viel Sport
- lese ich gern lange Romane
- mache ich gern Wanderungen
- zelte ich gern
- wohne ich in einem Luxushotel
- lerne ich gern andere Leute kennen
- spreche ich gern Fremdsprachen
- bin ich am liebsten ganz allein
- schwimme ich
- schreibe ich Gedichte
- gehe ich gern weg/abends tanzen
- bin ich lieber im Gebirge als an der Küste
- fahre ich gern ins Ausland

Jede Bemerkung bekommt eine Note 1–5 (5 = Ich mache das sehr gern im Urlaub, 1 = Ich mache das überhaupt nicht gern). Schreib' deine eigenen Noten auf. Wenn du alle Noten aufgeschrieben hast, versuch' zu raten, welche Noten dein Partner/deine Partnerin sich selbst gegeben hat. Kennst du deinen Partner/deine Partnerin?

6 Du planst einen Urlaub und liest das Hotelverzeichnis.
Was gehört zusammen?
  a Telefon in den Zimmern
  b Abendunterhaltung
  c Parkmöglichkeiten in Nebenstraßen
  d Reisegruppen willkommen
  e Bügelmöglichkeiten
  f Wäscherei/Waschmaschine
  g geheiztes Freibad
  h Bettwäsche inbegriffen
  i besonderes Weihnachtsangebot
  j Nichtrauchereinrichtung
  k Fernseher in den Zimmern
  l Liegewiese

7 Kannst du deinen Traumurlaub beschreiben?

SITUATION 2

Fußball, mein Lieblingsspiel

Stephan und Christian sprechen über Fußball. Stephan beginnt.

WORTSCHATZ

faszinierend	fascinating
allerbest	best of all
die Mannschaft(-en)	team
die Zusammenarbeit	co-operation
die Zusammengehörigkeit	being a team
der Streit(-e)	conflict
das Gemeinschaftsgefühl	community spirit
fit	fit
randalieren	to go on the rampage
heulen	to cry, howl
unterstützen	to support
die Flagge(-n)	banner
anfeuern	to spur on
bloß	merely
die Atmosphäre	atmosphere
der Schiedsrichter(-)	referee
das Faul(-s)	foul
Schuld sein	to be guilty
schimpfen	to grumble at
der Gegner(-)	opponent
die Schlacht(-en)	fight, battle

Bevor du zuhörst ...

1 Treibst du gern Sport?
Welche Sportarten schaust du dir gern an? Bist du Mitglied in einem Klub/einer Mannschaft? Bist du Anhänger eines Klubs/einer Mannschaft? Was machst du, um fit zu bleiben?

2 Sportarten. Machst du das normalerweise in einer Mannschaft oder nicht? Mach' zwei Listen.

a Fußball
b Rudern
c Trimm' dich
d Bogenschießen
e Surfen
f Reiten
g Football
h Skifahren
i Fechten
j Tischtennis
k Eishockey
l Kegeln
m Rollschuhlaufen
n Schießen
o Turnen
p Rugby

Während du zuhörst ...

3 In welcher Reihenfolge hörst du ...?
a Fußballfans sind keine intelligenten Menschen sondern Tiere.
b Ich verstehe gar nicht, was die Leute so faszinierend daran finden.
c Fußball ist das allerbeste Spiel der Welt.
d Ich arbeite als Bankangestellter.
e Ich spiele jeden Sonntag.
f Ich finde Fußball zu aggressiv.
g Fußball ist mein Lieblingsspiel.
h Wir feuern unsere Mannschaft an.
i Fußball ist ein elegantes Spiel.
j Ich habe Fußball mit anderen Jungen im Park gespielt.
k Im Fernsehen sieht man nur einen Teil des Sports.
l Ich gehe jeden Samstag ins Fußballstadion.

SITUATION 2

4 Was ist richtig?
  a Heute abend/heute nachmittag kommt Fußball im Fernsehen.
  b Christian spielt Fußball seit drei oder vier Jahren/seitdem er drei oder vier Jahre alt war.
  c Christian hat oft/nie Fußball in der Schule gespielt.
  d Christian meint, Fußball ist kompliziert aber elegant/ein einfaches Spiel.
  e Christian spielt jeden Samstag/jeden Sonntag für einen Fußballklub.
  f Für Stephan ist Fußball sinnlos/zu kompliziert.
  g Christian hat das Gemeinschaftsgefühl/seine Wohngemeinschaft gern.
  h Er geht regelmäßig am Sonnabend/am Sonntag ins Olympiastadion in Berlin.
  i Man geht zu den Spielen, um die Mannschaft zu untersuchen/zu unterstützen.
  j Im Fernsehen ist die Atmosphäre besser/nicht so gut wie im Stadion.
  k Wenn man dabei ist/zu Hause ist, kann man auf die anderen Spieler schimpfen.
  l Jede Woche gehen 2.000.000/200.000 normale Leute zu einem Fußballspiel.

5 Ergänze.
  a Heute kommt Fußball im Fernsehen – Stephan findet das _____.
  b Stephan _____ nicht, warum die Leute Fußball so _____ finden.
  c Als Kind hat Christian Fußball mit _____ und mit _____ und _____ im Park gespielt.
  d Um _____ zu bleiben, geht Stephan _____, und er _____.
  e Christian meint, Hertha BSC ist der allerbeste _____ Deutschlands.
  f Die Fans tragen _____, _____ und _____.
  g Wenn die Fans die _____ anfeuern, spielen sie besser.
  h Wenn man im Stadion ist, kann man _____ _____ anschreien.
  i Für Christian ist das _____ sehr wichtig.
  j Von Beruf ist Christian _____.

Nachdem du zugehört hast . . .

6 Stell' Fragen an die anderen in der Klasse und finde jemanden, der . . .
  • regelmäßig Fußball spielt
  • regelmäßig zu Fußballspielen geht
  • Mitglied eines Sportklubs ist
  • überhaupt nichts macht, um fit zu bleiben
  • skilaufen gegangen ist
  • in den letzten acht Tagen schwimmen gegangen ist
  • einen Pokal für Sport gewonnen hat
  Welche Fragen stellst du, um das herauszufinden?

7 Schreib' 150 Wörter über deinen Lieblingssport.
  • Was?
  • Warum?
  • Machst du mit oder bist du Zuschauer?
  • Wie oft?
  • Wo?
  • Mit wem?
  • Was kostet es?

SITUATION 3

Eine neue Wohnung

Sabine spricht mit ihrer Mutti über ihre neue Wohnung.

WORTSCHATZ

die Sorgen	worries
leisten	to afford
der Herd(-e)	cooker
das Besteck	cutlery
das Geschirr	crockery
der Sommerschlußverkauf	summer sale
aufhören	to stop
meckern (coll.)	to complain
der Kühlschrank(¨e)	fridge
ernähren	to feed, nourish
mindestens	at least
die Steppdecke(-n)	quilt, duvet
bügeln	to iron
das Bügeleisen(-)	iron
das Sonderangebot(-e)	special offer

Bevor du zuhörst ...

1 Wo findet man normalerweise diese Sachen – in der Küche, im Wohnzimmer, im Schlafzimmer? Mach' drei Listen.

- **a** Steppdecke
- **b** Kühlschrank
- **c** Spülmaschine
- **d** Etagenbetten
- **e** Sessel
- **f** Haarbürste
- **g** Waschpulver
- **h** Pfeffermühle
- **i** Plattenspieler
- **j** Kleiderschrank
- **k** Waschlappen
- **l** Sofa
- **m** Bratpfanne

Während du zuhörst ...

2 Erwähnt oder nicht?

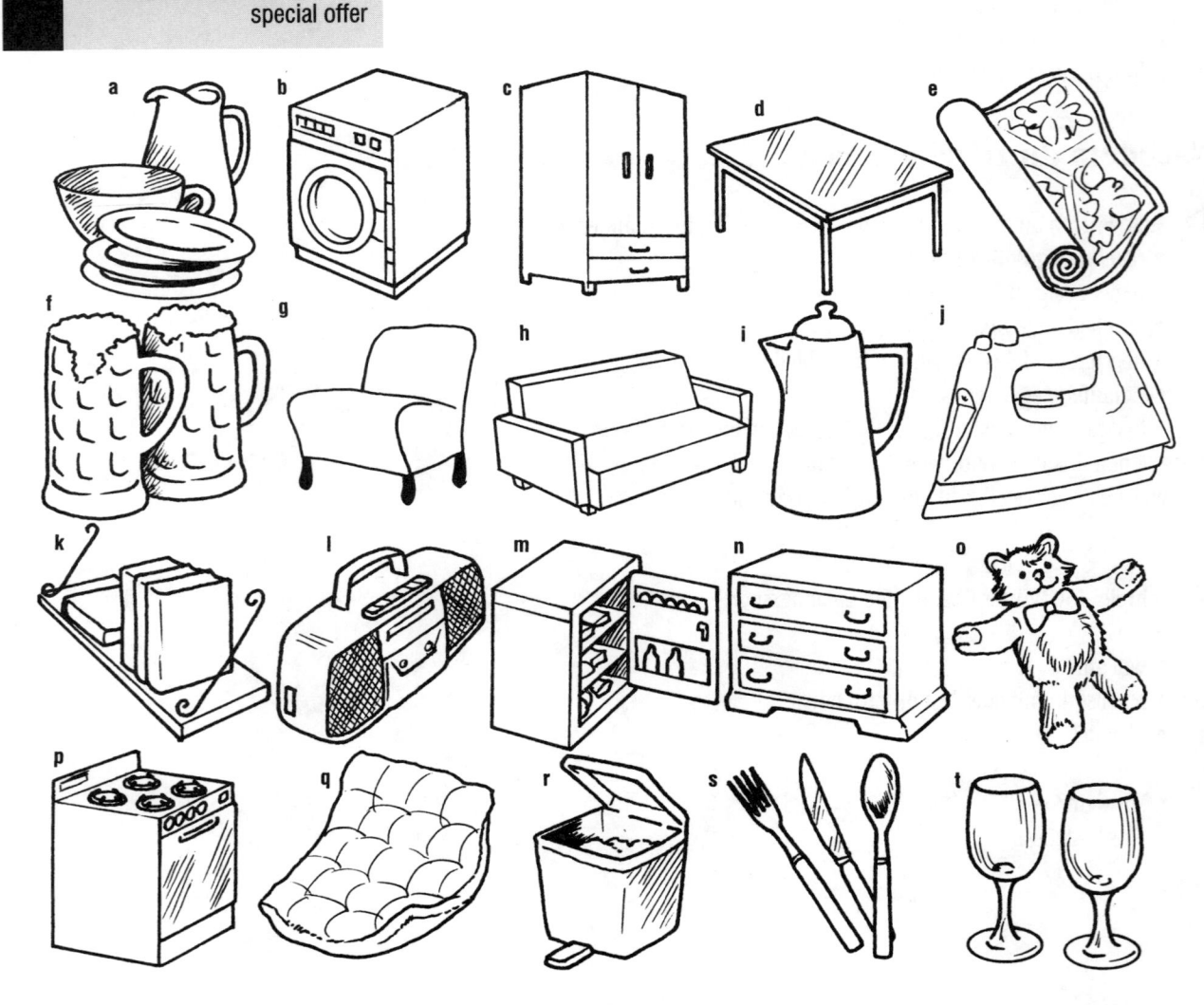

SITUATION 3

3 Die Wörter in diesen Sätzen sind durcheinander! Schreib' die Sätze so, wie du sie auf der Kassette hörst. In welcher Reihenfolge hörst du sie?

a mir, und dich mit ernährst Gemüse. du Obst Versprich daß richtig Vitaminen,
b dann und die ich dem Weingläser auf kaufen. Und Markt Biergläser, kann
c wenn du kannst am Hause nach du zurückkommen. willst, Wochenende Und auch
d aber meckern. hör' mal zu auf Jetzt
e Sabine, acht Wohnung du Ja, in Tagen wirst haben. eigene deine
f mehr Mutti, saubermachen ja jetzt Zeug hast nicht kann. dein Du deine die dir
g muß vergessen. mitkommen, darf unbedingt nicht Der den ich
h mach' da keine Mutti, mal Ach, dir Sorgen!

4 Beantworte auf deutsch.

a Wann will Sabine in ihre neue Wohnung einziehen?
b Von wem bekommt sie einen Eßtisch?
c Was will Rainer kaufen?
d Wo hofft Sabine Besteck zu kaufen?
e Wann hat sie Teller bekommen?
f Hat Sabine einen Kühlschrank?
g Sabine hat keine Waschmaschine. Was macht sie also?
h Woher bekommt sie ein Bügeleisen?
i Wer ist Harold?

Nachdem du zugehört hast ...

5 **Partnerarbeit**
Du ziehst in eine neue Wohnung ein. Was mußt du unbedingt haben? Warum? Und was wäre wünschenswert? Warum?

6 **Vermietungen**
Dein Freund/deine Freundin versteht kein Deutsch.
Kannst du ihm/ihr diese Anzeigen erklären?

a
ELEGANTE STADTWOHNUNG
Weser-Hochhaus 5.Obergeschoß
3 Zi, Küche, Diele, Bad
95qm
ab 1.7 zu vermieten

b
2½ Zi App. Rheinallee
4.Etage. Balkon
Tennisplätze, Kegelbahnen, Kindergarten
i.d.Nähe

c
2 ZI 1 K.D.B. IN
ZWEIFAMILIENHAUS
für Nichtraucher
ruhige Lage
10 Gehminuten vom städt.
Krankenhaus

d
Appartement
148qm
2 Wohn., 3 Schlafz.
Bad, Küche, W.C., Gäste W.C.
Garten
Stadtrand

SITUATION 4

Stehlen? Was? Ich?

Stehlen vom Arbeitsplatz: Kann man das rechtfertigen?

WORTSCHATZ

rechtfertigen	to justify
die Klammer(-n)	paper clip
der Tesafilm	sellotape
der Umschlag(¨e)	envelope
die Kleinigkeit(-en)	trifle, small thing
ehrlich	honest
der Fehler(-)	mistake
der Filialleiter(-)	branch manager
der Vertreter(-)	representative
das Firmenauto(-s)	company car
der Kunde(wk)	customer
das Tagebuch(¨er)	diary
sowieso	in any case
der Ausdruck(¨e)	expression
die Kohle	coal
der Sack(¨e)	sack
borgen	to borrow
übrig	left over
der Schreiner(-)	carpenter
der Nagel(¨)	nail
das Werkzeug	tools
klauen (coll.)	to steal, pinch
der Bohrer(-)	drill
der Designer(-)	designer
das Probeexemplar(-e)	sample
die Zeichnung(-en)	drawing
die Schere(-n)	pair of scissors
der Schraubenzieher(-)	screwdriver
quatschen	to chat, natter
der Roman(-e)	novel

Bevor du zuhörst ...

1 Verbinde das Englische und das Deutsche.

a private journies
b bits of wood
c biscuits
d small, insignificant things
e mistake
f TV set
g private conversations
h underclothes
i petrol
j Christmas

i Fehler
ii Weihnachten
iii Privatgespräche
iv Unterwäsche
v Privatreisen
vi Benzin
vii Kleinigkeiten
viii Holzstücke
ix Fernsehapparat
x Kekse

Während du zuhörst ...

2 Wer erwähnt diese Dinge? Thomas (T), Stephan (S), Christian (C) oder Martina (M)?

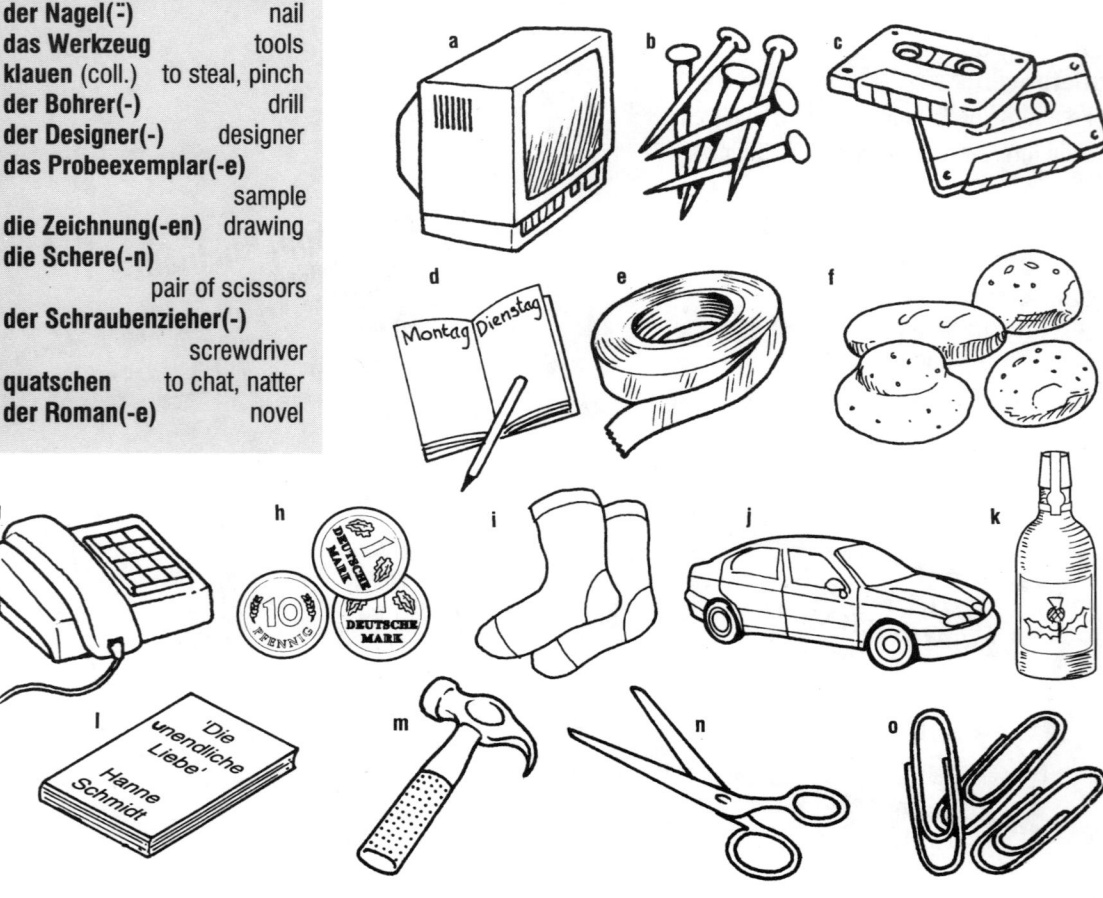

8

SITUATION 4

3 Die Sprecher erwähnen diese Dinge. In welchem Zusammenhang? Was sagen sie eigentlich darüber?
  a Tobias – Geld
  b Stephan – Kohle für die Heizung
  c Christian – eine große Firma
  d Martina – Kekse
  e Martina – Toiletten

4 Wie sagt man das auf deutsch?
  a These are small, unimportant things, they don't matter.
  b Up to now that has only happened twice.
  c Who knows whether I am on a private journey or not?
  d I am underpaid.
  e That is generally accepted.
  f The workers there stole all kinds of things.
  g No-one notices if a hammer goes missing.
  h In my opinion that is not right.

Nachdem du zugehört hast ...

5 Stiehlst du?
Hast du je etwas gestohlen? Stehlen deine Freunde? Erzählt einander davon. Ist es immer unrecht zu stehlen?

6 Du warst in einem Laden. Da geschah ein Diebstahl. Was ist passiert? Kannst du den Dieb/die Diebin beschreiben? Was hat er/sie gestohlen?
Schreib' einen Bericht für die Polizei.

SITUATION 5

Mein Job – 1

Sabine spricht über ihre Arbeit als Friseuse.

WORTSCHATZ	
anderthalb	one and a half
nähen	to sew
die Mode(-n)	fashion
färben	to tint, colour
der Stil(-e)	style
schöpferisch	creative
buschig	bushy
unordentlich	untidy
die Verwandlung(-en)	transformation
gefährlich	dangerous
verwenden	to use
die Katastrophe(-n)	catastrophe
konservativ	conservative
der Spaß	fun
der Kopfhörer(-)	headphones
abnehmen	to take off
überhaupt nicht	not at all

Bevor du zuhörst ...

1 **Berufe**
Verbinde das deutsche Wort mit dem englischen. Sind diese Leute Männer (M) oder Frauen (F)?

a Bauer
b Konditor
c Fotograf
d Zahnärztin
e Friseuse
f Tierarzt
g Metzger
h Bauarbeiter
i Köchin
j Politesse
k Bankangestellter
l Programmiererin
m Krankenpfleger
n Juwelier
o Vertreterin

i dentist
ii butcher
iii traffic warden
iv cook
v bank employee
vi nurse
vii farmer
viii programmer
ix vet
x jeweller
xi confectioner
xii photographer
xiii sales representative
xiv builder
xv hairdresser

Während du zuhörst ...

2 In jedem Satz gibt es einen Fehler. Kannst du die Sätze richtig schreiben?
a Sabine arbeitet von 9.30 Uhr bis 12.30 Uhr.
b Ihre Mittagspause dauert 2 Stunden.
c Sie arbeitet seit 8 Jahren bei „Fanny".
d In der Schule hatte sie die praktischen Fächer gern, wie Kochen, Nähen und Handarbeit.
e Sie haßt es, wenn junge Leute neue Stile wollen.
f Letzte Woche kam ein Mädchen mit langen, dünnen, unordentlichen Haaren.
g Letzte Woche wollte eine Bekannte von Sabine einen Punkeffekt in Rot und Grün.
h Ältere Damen wollen plaudern, wenn sie zu Sabine kommen.
i Die Männer sehen sich andauernd im Spiegel an.
j Der junge Mann mit dem Walkman wollte sich die Haare waschen lassen.

3 Sagt Sabine das oder nicht?
a Ich spreche lieber mit den Kunden als mit den Kundinnen.
b Ich arbeite nur einmal im Monat am Samstag.
c Alte Damen finde ich langweilig.
d Punkmusik habe ich überhaupt nicht gern.
e Ich habe die Schule vor fünf Jahren verlassen.

f Ich sehe jeden Abend fern.

g Ich mag es, wenn ich schöpferisch sein kann.

h Der Laden ist Mittwoch nachmittags geschlossen.

i Ich lese gern – Zeitschriften oder Romane.

j Meine Schule war eine Realschule in Koblenz.

4 Beantworte auf deutsch.

   a Wie sind die Öffnungszeiten des Ladens?
   b Was waren Sabines Lieblingsfächer in der Schule?
   c Wann hat sie ihre Arbeit am liebsten?
   d Beschreibe das Mädchen, das letzte Woche in den Laden gekommen ist.
   e Wie alt war das Mädchen mit den rot-grünen Haaren?
   f Worüber spricht Sabine mit den Kundinnen?
   g Was wollen alte Damen machen, während Sabine ihnen die Haare schneidet?
   h Warum konnte Sabine den jungen Mann nicht leiden?

Nachdem du zugehört hast ...

5 Beantworte die folgenden Fragen, dann stell' diese Fragen an alle anderen in der Klasse. Mach' eine Tabelle von den Ergebnissen.

- Hast du einen Job?
- Wie sind deine Arbeitsstunden?
- Seit wann arbeitest du da?
- Was mußt du eigentlich machen?
- Was gefällt dir an dieser Arbeit?
- Was gefällt dir nicht daran?
- Wirst du gut bezahlt?

SITUATION 6

Was ißt man eigentlich?

WORTSCHATZ

operieren	to operate
der Nagel(¨)	nail
der Körper(-)	body
das Eisen	iron
der Streichholz(¨er)	match
fabrizieren	to manufacture
bestehen aus	to consist of
im Durchschnitt	on average
schwanger	pregnant
die Kohle	coal
unbedingt	definitely
die Krabbe(-n)	prawn, shrimp
schaden (dat.)	to harm
unbedeutend	insignificant
auf etwas verzichten	to do without something
Diät machen	to follow a diet
der Knochen(-)	bone
enthalten	to contain
die Forelle(-n)	trout
die Makrele(-n)	mackerel
die Muschel(-n)	mussel
fettarm	low in fat
zulabern	to prattle on

Bevor du zuhörst ...

1 Fisch, Obst, Gemüse, Fleisch?

		Fisch	Obst	Gemüse	Fleisch
a	Forelle				
b	Trauben				
c	Bananen				
d	Schinken				
e	Rosenkohl				
f	Birnen				
g	Makrele				
h	Zwiebeln				
i	Erbsen				
j	Hähnchen				
k	Stachelbeeren				
l	Zitronen				
m	Ente				
n	Kabeljau				
o	Truthahn				
p	Spinat				
q	Gurken				
r	Kürbis				
s	Sardinen				
t	Pfirsiche				

2 Kannst du diese Ziffern laut lesen?
- **a** 20%
- **b** 35,5%
- **c** 0,5
- **d** 1/2
- **e** 2/3
- **f** 1 1/2
- **g** 26°
- **h** -6
- **i** vom 10. bis zum 12.
- **j** der 20.

SITUATION 6

Während du zuhörst...

3 Erwähnt oder nicht?

4 Falsch oder richtig?
  a Ein Mann in Frankfurt hatte eine Armbanduhr im Bauch.
  b Ein Mann in Naagel hatte 2000 Streichhölzer im Bauch.
  c Stephans Frau hat einmal Erbsenpüree auf Toast gegessen.
  d Christian hat einmal ein Stück Kohle gegessen.
  e Äpfel bestehen zu 15% aus Zucker.
  f Käse besteht zu 50% aus Fett.
  g Würste bestehen zu 75% aus Knochen, Augen und Zungen.
  h Butter ist sehr gesundheitsschädlich.
  i Nudeln enthalten 20% Fett.
  j Gemüse ist besonders fettarm.

5 Ergänze.

Christian: *Das ist doch _____ normal. Meine Frau hat mal _____ Kohlenstücke gegessen. Aber auch _____, jeden Morgen auf dem Weg _____ Arbeit mußte es _____ Eis sein. Auch mitten im Winter. Und mußte es _____ Schokolade sein immer... Schokoladeneis, und dann, als sie _____ schwanger war mit dem _____ Kind, da waren's auf _____ Krabben, Krabben zum Frühstück, zum Mittagessen, zum _____. Aber das _____ _____. Schlimmer ist es doch, _____ du nicht weißt, _____ du ißt. Ich habe auch einen _____ Artikel gelesen, _____ in Europa viel zu viel Zucker gegessen wird. Ja, alle _____ ja, daß in Bonbons, Limonade, _____ und so was, Zucker drin ist. Aber auch in Obst, _____ 20% in Bananen, Trauben und _____, zum Beispiel, und 15% in Äpfeln, Birnen, Erbsen und _____, und 10% in _____, Zitronen, Erdbeeren. Aber auch in _____ und Karotten ist Zucker drin.*

Nachdem du zugehört hast...

6 Der menschliche Körper besteht aus vielen verschiedenen Substanzen.
Lies diese Liste. Findet man diese Substanzen normalerweise im menschlichen Körper oder nicht?
  a Sauerstoff
  b Wasser
  c Eisen
  d Eiweiß
  e Elfenbein
  f Kalkstein
  g Diamanten
  h Leder
  i Phosphor
  j Altglas
  k Kohlensäure
  l Stickstoff
  m Benzin

SITUATION 7

Jürgen – Schüler in den 30er Jahren

Jürgen spricht von seiner Schule während der Nazizeit in Deutschland.

WORTSCHATZ

der Krieg(-e)	war
der Abschluß(¨e)	final examination
allerdings	however
gemischt	mixed
rein	purely
der Ruhm	glory
die Ehre	honour
am Rande erwähnen	to mention in passing, make an aside
die Ursache(-n)	cause
der Neid	jealousy
im Vergleich zu	in comparison with
die Macht(¨e)	power
die Grenze(-n)	border
die Niederlage(-n)	defeat
empfinden	to sense, feel
die Schande	shame
der Fleck(-e)	spot
der Beamte (adj)	civil servant
die Weimarer Republik	the Weimar Republic (Germany between the end of the First World War and the rise of the Nazis)
die Nationalsozialisten	the Nazis
belastet	burdened (having a Nazi past)
teilweise	partially
entlassen	to dismiss
die Folge(-n)	consequence
beeinflussen	to influence
der Rat	piece of advice
die Quelle(-n)	source

Bevor du zuhörst ...

1 Welche Wörter von dieser Liste haben *nichts* mit der Schule zu tun?

> *Pausenbrot   Hausaufgaben   hitzefrei   Mittlere Reife   Stammtisch*
> *Abitur   Lehrerzimmer   Klassenbuch   Turnhalle   Erdkunde*
> *Rasenmäher   Mathelehrer   Gymnasium   Fächer   Autoabgase*
> *Raucherecke*

Während du zuhörst ...

2 Ergänze.

	Substantiv	Verb
Beispiel:	Unterricht	unterrichten
a	Lehrer	
b	Ausbildung	
c		versuchen
d		informieren
e	Ausdruck	
f	Mischung	
g		enden
h	Aufklärung	
i	Behauptung	
j		verursachen

3 Falsch oder richtig?
  a Jürgen war sechs Jahre alt, als er zur Schule kam.
  b Seine Schulzeit war 1945 zu Ende.

SITUATION 7

  c Am Gymnasium hat er keine Fremdsprachen gelernt.
  d Seine Schule war eine gemischte Schule.
  e In Geschichte hat er sehr wenig über andere Länder gelernt.
  f In der Schule haben sie die Ursachen des zweiten Weltkrieges diskutiert.
  g Alle seine Lehrer waren froh, als der Krieg zu Ende war.
  h In den 60er Jahren hat man versucht, die Jugend über den Krieg usw. aufzuklären.
  i Als Kind wollte Jürgen nichts mit der Hitlerjugend zu tun haben.
  j Als Kind durfte er nur gewisse Bücher lesen, bestimmte Musik hören.
  k Er behauptet, es sei sehr wichtig, sich zu informieren.

4 a In welcher Reihenfolge hörst du diese Aussagen?
  i   We learnt a little about the French Revolution.
  ii   We could only travel to certain places.
  iii There were problems with the border in the Alsace-Lorraine area.
  iv   Mixed schools are the norm these days.
  v   The young people went camping together.
  vi   Germany was not a naval power.
  vii It is important to keep oneself informed.
  viii The young people were subject to a great deal of propaganda.
  ix   Many teachers had been civil servants in Bismarck's 'Reich'.
  x   We saw the girls only at break times.

  b In welchem Zusammenhang erwähnt Jürgen folgende Sachen?
  i   ein Soldat   vi   Elsaß-Lothringen
  ii   Griechisch   vii Schandfleck
  iii Ruhm   viii die 60er Jahre
  iv   Englands Geschichte   ix   Sport
  v   Neid   x   Propaganda

5 Ergänze.
  a Im Jahre 1947 hat Jürgen seinen _____ am Gymnasium gemacht.
  b In den Pausen sind die Schüler zur _____ 'rübergegangen.
  c In Geschichte sprach man damals vom deutschen _____.
  d Zur _____ haben sie sehr wenig über andere Länder gesprochen.
  e Deutschland im _____ zu Großbritannien war keine Seemacht.
  f Viele Menschen haben die Niederlage Deutschlands als Schandfleck _____.
  g Viele _____ waren Beamte im Kaiserreich gewesen.
  h In den _____ Jahren gehörten alle Kinder der Hitlerjugend oder dem BDM an.
  i Die jungen Leute haben _____ miteinander unternommen.
  j Jürgens Rat für die _____ Jugend ist, daß es wichtig ist, sich zu informieren.

Nachdem du zugehört hast ...

6 Wie würdest du deinen Enkeln oder Enkelinnen deine Schulzeit beschreiben?
Wie war die Schule? Was hast du alles gelernt? Hat es Spaß gemacht? Wie war die Disziplin? Wie waren die Lehrer?

7 Beschreib' deine ideale Schule.
Was lernt man? Gemischt? Uniform? Regeln? Was für Lehrer? Hausaufgaben?

SITUATION 8

Militärdienst oder Zivildienst?

Ein Gespräch zwischen Tobias, Christian und Stephan.

WORTSCHATZ

der Dienst(-e)	service
die Bundeswehr	German army
die Pflicht(-en)	duty
außerdem	besides
bestimmt	certain
schützen	to protect
der Frieden	peace
die Vergangenheit	the past
gefährlich	dangerous
die Macht(¨-e)	power
ergreifen	to seize
bereit	ready
der Mord(-e)	murder
erschießen	to shoot (dead)
klinisch	clinical
das Prinzip(-ien)	principle
überzeugen	to convince
die Bombe(-n)	bomb
die Waffe(-n)	weapon
die Gewalt	force
die Geduld	patience
an̲kämpfen	to combat
das Altersheim(-e)	old people's home
statt	instead of
sich entscheiden	to decide
die Entscheidung(-en)	decision
die Schlacht(-en)	battle
töten	to kill
guck' mal	look here
ehemalig	former
die politische Weltkunde	politics (as a school subject)
die Demokratie	democracy
wichtig	important
wah̲rnehmen	to take notice of
eigentlich	actually
geeint	united
friedlich	peaceful

Bevor du zuhörst ...

1 Ergänze.

a

	Substantiv	Verb
Beispiel:	Bestimmung	bestimmen
		töten
	Versuch	
	Überzeugung	
		meinen
	Wahl	
	Arbeit	
	Entscheidung	
		ermorden
		informieren

b

Adjektiv	Substantiv
friedlich	
	Freiheit
geduldig	
	Liebe
jährlich	
	Aggression
	Kommunisten
wichtig	
demokratisch	
	Macht

16

SITUATION 8

Während du zuhörst...

2 Wer sagt das – Christian, Tobias oder Stephan? Schreib' C, T oder S.
  a Es ist nie richtig, einen anderen Menschen zu töten.
  b Diskussionen mit anderen sind sehr wichtig.
  c Meine Familie hat versucht, mich zu überzeugen, Militärdienst zu machen.
  d Deutschland ist das größte Land Europas und hat viel Macht.
  e In der Schule haben wir über Krieg, Frieden und Demokratie gesprochen.
  f Mein Vater hat es gemacht, und mein Sohn wird es tun.
  g Heutzutage ist alles im Krieg sauber, klinisch und automatisiert.
  h Zum Bund gehen – das ist eine Pflicht.
  i In Südafrika oder Nordirland hat Gewalt nicht geholfen.
  j Viele in der Welt wollen die Macht ergreifen.
  k Weil ich Zivildienst mache, muß ich 15 Monate machen.
  l Im Krieg zu töten heißt nicht Mord – das ist etwas anderes.
  m Ich habe es schwierig gefunden, mich zu entscheiden.
  n Ich werde in einem Altersheim arbeiten.

3 Wie sagt man auf deutsch...?
  a Even if it were longer I would go.
  b I feel one should protect the weaker people – the women and the children.
  c Many people want to seize power.
  d I am absolutely sure that it is never right to kill another human being.
  e I could never shoot another human being.
  f My family tried to convince me.
  g One must combat this type of aggression with patience and love.
  h I've had great difficulty making the decision.
  i It is something completely different.
  j From whichever side ...
  k By listening to other people ...
  l A united, peaceful Europe.

4 Hier stimmt etwas nicht! Schreib' den richtigen Satz.
  a Christian meint, er wird mit seinem Hund gehen.
  b Christians Großvater und Vater haben es gemacht, und sein Sohn wird es wahrscheinlich auch tun.
  c Wenn man das nicht macht, hat man kein Recht, mit Frieden und Freizeit zu leben.
  d Tobias meint, daß es nur richtig ist, andere Menschen zu töten.
  e Heutzutage ist alles im Krieg klein und informatisiert.
  f In Nordeuropa, Irland und Afrika hat Gewalt nicht geholfen.
  g Tobias hat vor 15 Monaten in einem Altersheim gearbeitet.
  h Stephan kann sich nicht entscheiden, ob er zum Militär geht oder nicht.
  i Propaganda wie in der Nazizeit oder in den ehemaligen kommunistischen Ländern gibt es heutzutage nicht mehr.
  j Deutschland ist ein großes Land, das sehr viel macht.

Nachdem du zugehört hast...

5 Stimmst du mit diesen Aussagen überein?
(Ja. Nein. Ich weiß nicht.)
  • Es ist nie richtig, einen anderen Menschen zu töten.
  • Jeder soll seine Pflicht erfüllen. Deshalb würde ich Militärdienst machen.
  • Die Welt ist gefährlicher als vor 50 Jahren.
  • Ich mag Uniformen. Sie sehen schick aus.
  • Aus religiösen Gründen würde ich nicht in die Armee gehen.
  • Töten heißt Mord – auch im Krieg.
  • Man soll gegen Terroristen mit Bomben kämpfen.
  • Ich würde lieber Zivildienst als Militärdienst machen.
  • Man sollte bereit sein, seine Familie zu schützen.
Stell' diese Fragen an die anderen in der Klasse und mach' eine Tabelle mit den Ergebnissen.

SITUATION 9

Karneval

Wie verbringen die Deutschen die Karnevalszeit?

WORTSCHATZ

Karneval }	Shrovetide celebrations
Fasching }	
das Fest(-e)	festival, celebration
die Königin(-nen)	queen
der Winzer(-)	vine grower
die Gegend(-en)	district
wählen	to choose, elect
mindestens	at least
der Umzug(¨e)	procession
der Rosenmontag	day before Shrove Tuesday
der LKW(-s)	lorry
die Krone(-n)	crown
die Süßigkeiten	sweets
die Blaskapelle(-n)	brass band
bunt	brightly coloured
die Rede(-n)	speech
vorher	beforehand
merken	to notice
der Fehler(-)	mistake
die Kindheit	childhood
der Wettbewerb(-e)	competition
der Schnurrbart(¨e)	moustache
das Gebäck	biscuits, pastry
Aschermittwoch	Ash Wednesday
die Glocke(-n)	bell
läuten	to ring, sound
verwitwet	widowed
vorbei	over, past, gone

Bevor du zuhörst...

1 Feste in Deustchland
Wann sind sie? Verbinde.

a	Sylvester	i	der 6. Dezember
b	Rosenmontag	ii	zwei Tage vor Ostersonntag
c	der 1. Weihnachtstag	iii	der 31. Dezember
d	der 2. Weihnachtstag	iv	der 1. Mai
e	Karfreitag	v	zehn Tage nach Christi Himmelfahrt
f	Pfingsten	vi	zwei Tage vor Beginn der Fastenzeit
g	Christi Himmelfahrt	vii	der 26. Dezember
h	Nikolaustag	viii	40 Tage nach Ostern
i	Tag der Arbeit	ix	1 Tag vor Beginn der Fastenzeit
j	Faschingsdienstag	x	der 25. Dezember

Während du zuhörst...

2 Erwähnt oder nicht? Wenn ja, in welcher Reihenfolge?

a	Glocken	i	Obstsalat
b	1769	j	Schokolade
c	Straßenbahn	k	Winter
d	Bier	l	Kinder
e	Hunde	m	Tennisbälle
f	Prinzessinnen	n	Masken
g	Sonnenbrille	o	Satz
h	eine Brille	p	eine Krone
		q	Fehler
		r	Butter

SITUATION 9

3 Schreib' die Sätze richtig. Wer sagt das – Tobias, Martina oder Claudia?

		Tobias	Martina	Claudia
a	und Du bist achtzehn Jahre mindestens ein Weinkönigin dann alt mußt ganzes für Jahr. sein			
b	nichts mich. ist für Fasching			
c	seit ich mach' das meiner Kindheit. also Und			
d	Meine Schnurrbart. ist eine Nase mit einem Jahr einer großen Maske dieses Brille und			
e	das war war, Kind ein ich als noch anders. früher, Ja,			
f	durch die Kinder. haben ich Süßigkeiten Und werfe einen Umzug für die Straßen und wir			
g	ich bleibe zu meine Schwester. Hause oder besuche Faschingsdienstag Rosenmontag, ich			
h	alles am Tag ist leider dann, Und nächsten vorbei.			
i	viel Ich hab' gemacht. und schon normalerweise Angst mir Notizen vorher hab'			
j	alles ist danach geläutet und die Glocken werden Dann ruhig.			

4 Beantworte auf deutsch.
  a Seit wann wohnt die Familie der Weinkönigin in der Gegend?
  b Beschreibe die Weinkönigin.
  c Was macht sie im Karnevalsumzug?
  d Was muß sie am Abend machen?
  e Warum macht es nichts, wenn sie Fehler macht?
  f Wer macht die Masken für die Kinder?
  g Was für eine Maske hat der Sprecher gemacht?
  h Was ißt man zum Beispiel während der Maskenbälle?
  i Wann ist alles vorbei?
  j Seit wann geht Claudia nicht mehr zu Maskenbällen?
  k Wie verbringt sie heutzutage den Faschingsdienstag?

Nachdem du zugehört hast . . .

5 Was sind für dich und deine Familie die wichtigsten Feste?
Wie feiert ihr?
Schreib' einen kleinen Artikel für ein deutsches Studentenmagazin.

SITUATION 10

Ich bin in Ost-Berlin geboren

Geschichte eines Flüchtlings.

<table>
<tr><td>

WORTSCHATZ

der Flüchtling(-e)	refugee
die Mauer(-n)	wall
sich erinnern an (acc.)	to remember
der Verwandte (adj)	relation
eigentlich	actually
der Unterschied(-e)	difference
die Möglichkeit(-en)	possibility
anschließend	then, next
die Pioniere	'pioneers' (Communist youth movement)
die Pfadfinder	scouts
der Anstrich	coating
innerhalb	within
das Gerücht(-e)	rumour
der Kofferraum(¨-e)	boot (of car)
das Visum(Visen)	visa
zahlen	to pay
Wien	Vienna
der Roman(-e)	novel
die Stelle(-n)	job
altmodisch	old-fashioned
dringend	urgent
modernisieren	to modernise
die Obdachlosigkeit	homelessness

</td></tr>
</table>

Bevor du zuhörst ...

1 Welche Länder sind nicht in Europa?

> *Frankreich   die Schweiz   die Tschechische Republik   Bolivien*
> *Österreich   die Bundesrepublik   die Niederlande   Bulgarien*
> *Ungarn   Slowakien   Ägypten   Liechtenstein   Chile*

2 Länder und Hauptstädte
Verbinde.

a Wien		**i**	Rumänien
b Berlin		**ii**	die Niederlande
c Budapest		**iii**	Belgien
d Bukarest		**iv**	Griechenland
e Amsterdam		**v**	Dänemark
f Rom		**vi**	Ungarn
g Athen		**vii**	Polen
h Brüssel		**viii**	Österreich
i Kopenhagen		**ix**	Italien
j Warschau		**x**	die Bundesrepublik

Während du zuhörst ...

3 In welchem Zusammenhang erwähnt Erkan diese Zahlen?
Was sagt er eigentlich?

a 3 Monate	**h** DM 1.000
b 1961	**i** ein Monat
c 1 km	**j** 1986
d einmal	**k** 65
e 19 oder 20	**l** 1989
f 5 Minuten	**m** vor 10 Jahren
g 2 Jahre	

SITUATION 10

4 Ergänze.
  a Ich war drei _____ alt, als die _____ gebaut wurde.
  b Ich _____ mich daran nicht.
  c Wir hatten keine _____, dorthinzukommen.
  d Unsere Verwandten haben uns _____ besucht.
  e Wir durften nicht reisen, nur _____ des Ostblocks.
  f Man hatte _____ und Gerüchte gehört.
  g Leute waren über die Grenze im _____ _____ _____ gekommen.
  h Ich bin 'rüber gekommen. Das war nicht so _____ für mich.
  i Mein Bruder hat ein Visum und _____ _____ gekriegt.
  j Danach sind wir nach Ungarn und von dort aus über _____ _____ nach Österreich gekommen.
  k Dann sind wir dort bei _____ _____ und _____ _____ geblieben.
  l Ich arbeite jetzt als _____.
  m Da haben wir alle die große Freiheit bekommen, obwohl es immer _____ _____ gibt.
  n Für den Lehrer ist es _____ _____, eine _____ zu bekommen.
  o Es gibt auch _____ dort mit Obdachlosigkeit und _____.

5 Falsch oder richtig?
  a Erkan hat alles im Fernsehen gesehen, als die Mauer gebaut wurde.
  b Er hatte Verwandte im Westteil.
  c Er hat seine Tante in Westberlin monatlich besucht.
  d Als Kind war er Pfadfinder.
  e Als Ostberliner durfte er nach Bulgarien, Ungarn oder Jugoslawien reisen.
  f Er hörte, daß es möglich wäre, im Benzintank eines Autos nach Westberlin zu fahren.
  g Die Strecke zwischen Bahnhof Friedrichstraße in Ost-Berlin und Bahnhof Zoo in West-Berlin war nur einige Minuten.
  h Jede Person mußte tausend Mark zahlen.
  i Er ist zuerst über die Grenze nach Ungarn gefahren.
  j Er ist über Wien nach Berlin gefahren.
  k In Ost-Berlin hatte Erkan als Journalist gearbeitet.
  l Erkans Freund hat es schwierig gefunden, eine Stelle als Lehrer zu finden.
  m Die Industrie im Osten muß modernisiert werden.
  n Jetzt haben die Westberliner etwas gegen die Leute aus dem Ostteil.

Nachdem du zugehört hast ...

6 Die „Wende" – Was verstehst du darunter? Informier' dich darüber.

7 **Deutsche Geschichte**
  Hier sind einige wichtige Daten. Was ist in diesen Jahren passiert?
  • 1933
  • 1936
  • 1939
  • 1945
  • 1948
  • 1961
  • 1989
  • 1990

8 Was sind die Vorteile der Wiedervereinigung Deutschlands? Mach' eine Liste.
  Gibt es auch Nachteile?

SITUATION 11

Was sollte man anziehen?

Ist es heutzutage noch wichtig, was man anzieht?

WORTSCHATZ

die Nachricht(-en)	piece of news
die Versicherung(-en)	insurance
das Vorstellungsgespräch (-e)	interview
das Vertrauen	trust
auf etwas achten	to pay attention to something
das Äußere	external things
vertrauenswürdig	trustworthy
verantwortlich	responsible
die Kontaktlinse(-n)	contact lens
das Kostüm(-e)	lady's suit
der Ehrgeiz	ambition
zuverlässig	reliable
unerhört	outrageous, incredible
der Erfolg(-e)	success
färben	to colour
der Schnitt(-e)	cut
der Stil(-e)	style
die Aktentasche(-n)	briefcase
übrigens	by the way
der Schnurrbart(-e)	moustache

Bevor du zuhörst ...

1 Ist das zum Anziehen oder zum Essen? Mach' zwei Listen.

> *Linsen Kontaktlinsen Anzüge Eintopf Kopfsalat Gummistiefel Gummibärchen Melone Mütze Pantoffeln Kartoffeln Brezel Regenmantel Knoblauch Sonnenbrille*

2 Kannst du diese Stellenangebote auf englisch erklären?

VERKAUFSLEITERIN
für italienisches DOB-Unternehmen, nachgewiesene Erfolge und konkrete Produkt- und Markterfahrung sind Voraussetzung; ebenso italienische Sprachkenntnisse. Jahreseinkommen DM 80 000 + Umsatzbeteiligung.
NEUHAUS & PARTNER Beratergruppe GmbH, Herr Michael Methe, Uhlandstr. 33, 33617 Bielefeld, Tel. 05 21/15 20 30.

Empfangsdame
für 5-Sterne-Luxus-Resort-Hotel (230 Zimmer) auf europäischer Ferieninsel gesucht. Voraussetzungen: mehrjährige Berufserfahrung in vergleichbarer Position, Führungsstärke, spanische Sprachkenntnisse erforderlich.
INNOVATIV MARKETING, Personalberatung der Hotellerie, Frau Dietrich-Thimm, Newtonstr. 3, 85221 Dachau, Tel. 0 81 31/5 21 94.

Bürokauffrau/Sachbearbeiterin
mit guten Englisch- und PC-Kenntnissen für mehrere internationale Unternehmen im Raum Frankfurt/Main gesucht.
Headline Personalberatung, Kettenhofweg 131, 60325 Frankfurt, Tel. 0 69/74 50 32.

Während du zuhörst ...

3 Hörst du das, oder nicht? Antworte Ja oder Nein.

		Ja	Nein
a	Ich habe eine neue Stelle in einer Bank.		
b	Ich habe letzte Woche eine Zeitschrift gelesen.		
c	Männer achten nur auf das Äußere.		
d	Frauen mit Kontaktlinsen arbeiten besser als Frauen mit Brille.		
e	Männer haben mehr Ehrgeiz als Frauen.		
f	Ich habe nächste Woche ein Vorstellungsgespräch.		
g	Ich möchte mir die Haare färben lassen.		
h	Mein neuer Stil ist ganz modern.		
i	Die Fragen in meinem Vorstellungsgespräch waren nicht leichter als vorher.		

SITUATION 11

j	Männer glauben, rothaarige Frauen sind nicht vertrauenswürdig.	
k	Ich bin froh, daß ich keinen Schnurrbart habe.	

4 Ergänze.
  a Martina hat eine Stelle in einer _____ bekommen.
  b Sie hat einen _____ in der _____ gelesen.
  c Martina meint, daß Männer nur auf das Äußere _____.
  d Sie glauben, daß _____ _____ nicht intelligent genug sind.
  e Sie glauben, daß Frauen mit _____ besser arbeiten können als Frauen mit _____.
  f Sie glauben, daß Frauen in Kostümen _____ handeln und mehr _____ haben.
  g Martinas neue Stelle ist interessant und _____ _____.
  h Ihre Haare waren schön, _____ und _____.
  i Beim Vorstellungsgespräch hat sie ein schwarzes _____ und eine schwarze _____ getragen.
  j Ihre Antworten waren genau dieselben wie _____ _____ und _____ _____.

5 Wie sagt man auf deutsch?
  a Congratulations!
  b The men never listen to what the women say.
  c They think that women in dark blue suits act in a more professional way.
  d That's preposterous!
  e You know how many interviews I had without success.
  f I've had my hair coloured.
  g It is such an old-fashioned cut.
  h It was the 'professional effect'.
  i The answers were exactly the same as before.
  j The same, by the way, is true for men with moustaches.

Nachdem du zugehört hast ...

6 Und du? Was meinst du? Gib Punkte:
  3 = Ja, das ist richtig. Ich stimme damit überein.
  2 = Ja, das könnte vielleicht richtig sein.
  1 = Wahrscheinlich nicht.
  0 = Nein. Das ist vollkommen falsch.

- Blonde Frauen sind nicht vertrauenswürdig.
- Frauen mit Brille arbeiten besser als Frauen ohne Brille.
- Wenn man in einer Bank arbeitet, soll man das Recht haben, eine Jeans zu tragen.
- Männer mit Schnurrbart sind nicht vertrauenswürdig.
- Männer, die jeden Tag einen Anzug tragen, sind langweilig. Sie haben keine Phantasie.
- Intelligente Leute tragen bunte Kleider.
- In der Schule sollten alle Schüler und Schülerinnen eine Uniform tragen.
- In Schulen sollten die Lehrer und Lehrerinnen eine Uniform tragen.

Stell' diese Fragen an die anderen in der Klasse. Versuch' aber, vorher zu raten, wieviele Punkte sie sich geben werden.

7 Wie sagt man auf deutsch?
  a Congratulations on your birthday.
  b The children never listen to what their parents say.
  c He thinks that men in dark suits act in a more professional way.
  d That's incredible!
  e Everyone knows how many letters I sent without success.
  f I've had my car washed.
  g It's such a modern style.
  h He was a true professional.
  i The questions were just as difficult as before.
  j The same, by the way, is true for women who wear contact lenses.

SITUATION 12

Bist du Tierfreund?

WORTSCHATZ

der Vegetarier(-)	vegetarian
Ich bin der Überzeugung, daß ...	I am convinced that ...
töten	to kill
der Planet(wk)	planet
schöpfen	to create
nötig	necessary
die Nuß(Nüsse)	nut
gesund	healthy
die Gesellschaft(-en)	society
auf die Jagd	hunting
übrigens	by the way
vor kurzem	recently
im Durchschnitt	on average
im Laufe	in the course of
die Zutaten	ingredients
züchten	to breed
produzieren	to produce
schützen	to protect
ausbeuten	to exploit
das Elfenbein	ivory
immerhin	at any rate
das Gefängnis(-se)	prison
abschaffen	to abolish
die Wildnis	'the wild'
die Forschung(-en)	research
dagegen	against it
grausam	cruel
das Gift(-e)	poison
füttern	to feed
die Flüssigkeit(-en)	liquid
schrecklich	awful
verwenden	to use
der Ersatz(-e)	replacement
bezweifeln	to doubt
der Wissenschaftler(-)	scientist
ich bin der Meinung	I think (I am of the opinion)
erfinden	to invent
leiden	to suffer

Bevor du zuhörst ...

1 Argumente

Verbinde den deutschen Ausdruck mit dem englischen.

a Dagegen bin ich absolut.
b Ich bin der Meinung, daß ...
c zu extrem
d Alle haben das Recht ...
e Viele behaupten ...
f Man muß zugeben ...
g Das ist sowieso nicht richtig.
h Ich bin gar nicht dafür.
i Meiner Meinung nach ...
j Man hat kein Recht ...

i Everyone has the right ...
ii It has to be admitted ...
iii I am not at all in favour.
iv I am of the opinion that ...
v In my opinion ...
vi People don't have the right ...
vii Many people claim ...
viii I am absolutely against it.
ix In any case that's not right.
x too extreme

Während du zuhörst ...

2 Erwähnt oder nicht? Wenn ja, von wem, Sabine oder Christian?

		Sabine	Christian
a	Wirtschaft		
b	Gefängnisse		
c	Hähnchen		
d	Nerven		
e	80 Kühe		
f	Lippenstift		
g	Schulen		
h	primitive Gesellschaften		
i	Giraffen		
j	Zungen		
k	Drogen		
l	wilde Mäuse		
m	Hunde		
n	Pferde		
o	Nüsse		
p	Radio		
q	Freiheit		
r	Vasen		

SITUATION 12

3 Was ist richtig?
  a Christian ist Vegetarier
   i seit mehr als zwei Jahren.
   ii seit drei Jahren.
   iii seit über drei Jahren.
  b Christian meint,
   i nur der Mensch hat das Recht, ein Tier zu töten.
   ii der Mensch hat kein Recht, ein Tier zu töten.
   iii die Tiere haben kein Recht, auf dem Planeten zu leben.
  c Christian meint,
   i Gemüse und Obst sind gesünder als Nüsse.
   ii Fleisch ist gesünder als Nüsse.
   iii Gemüse und Obst sind gesünder als Fleisch.
  d Im Laufe des Lebens ißt der Durchschnittsmensch
   i 36 Schweine und 550 Hähnchen.
   ii 63 Schweine, 8 Kühe und 55 Hähnchen.
   iii 36 Kühe und 55 Hähnchen.
  e Christian meint, man hat kein Recht,
   i Tiere zu schützen.
   ii Tiere auszubeuten.
   iii Tiere zu züchten.
  f Jedes Jahr werden
   i Hunderte von Elefanten getötet.
   ii Tausende von Elefanten getötet.
   iii Millionen von Elefanten getötet.
  g Man fabriziert
   i Elefanten aus Elfenbein.
   ii Schmuck aus Elfenbein.
   iii Gefängnisse aus Elfenbein.
  h Sabine meint, ein Zoo sei besser als die Wildnis für
   i größere Tiere.
   ii kleinere Tiere.
   iii wilde Tiere.
  i Christian findet es unmenschlich,
   i einem Tier die Haut mit chemischen Substanzen zu verbrennen.
   ii ein Tier mit Flüssigkeit zu verbrennen.
   iii ein blindes Tier zu töten.
  j **i** Ein Tier in Herzen ist operiert worden.
   ii Tiere haben Ersatzherzen bekommen.
   iii Bei Operationen versucht man es zuerst an Menschen.
  k Christian meint,
   i Tiere fühlen genauso wie Menschen.
   ii Tiere sind doch intelligenter als Menschen.
   iii Wissenschaftler haben keine Nerven.

4 Beantworte auf deutsch.
  a Seit wann ist Christian Vegetarier?
  b Was findet Christian gesünder als Fleisch?
  c Was hat Sabine neulich im Radio gehört?
  d Christian behauptet, Tiere sind Fleischmaschinen. Was meint er damit?
  e Wozu benutzt man Elfenbein?
  f Wie findet Christian Zoos?
  g Warum ist Christian gegen Tierforschung?
  h Was haben Wissenschaftler behauptet?
  i Kannst du die Tierexperimente beschreiben?

Nachdem du zugehört hast ...

5 Und du? Was meinst du? Gib Punkte:
  3 = Ja, das ist richtig. Ich stimme damit überein.
  2 = Ja, das könnte vielleicht richtig sein.
  1 = Wahrscheinlich nicht.
  0 = Nein. Das ist vollkommen falsch.

- Tiere haben keine Rechte. Der Mensch kann mit ihnen tun, was er will.
- Zoos sind unmenschlich.
- Alle Menschen sollten Vegetarier sein.
- Man sollte Tierversuche sofort beenden.
- Wir brauchen Tierversuche für Medizin, aber nicht für Kosmetika.
- Vegetarier sind nicht so gesund wie andere Menschen.

Stell' Fragen an die anderen in der Klasse, versuch' aber, vorher zu raten, wie viele Punkte sie sich geben werden.

SITUATION 13

Weihnachten

Ist es heutzutage noch wichtig für die Deutschen?

WORTSCHATZ

der Arbeitgeber(-)	employer
das Gehalt(¨er)	salary
der Schluß(¨e)	end, finish
ständig	constantly
aufgeregt	excited
die Nerven	nerves
wiederholen	to repeat
die Kerze(-n)	candle
die Kugel(-n)	bauble
trotzdem	nevertheless
das Lied(-er)	song
der Rehbraten	roast venison
die Gans(¨e)	goose
die Geburt(-en)	birth
verschwenden	to waste
entstehen	to arise
ähnlich	similar
angeboten	offered
die Schwierigkeit(-en)	difficulty
entspannen	to relax
die Glotze(-n) (slang)	TV, the 'box'
saufen (slang)	to booze
die Gaststätte(-n)	inn, pub

Bevor du zuhörst ...

1 Welche Wörter haben *nichts* mit Weihnachten zu tun?

Tannenbaum	*Getränke*	*Nikolaus*
Kerzen	*Stollen*	*Fastenzeit*
Gans	*Partys*	*Kugeln*
Feuerwerk	*Strand*	*Adventskranz*
Geschenke	*Heiliger Abend*	
Gebäck	*Karfreitag*	
Rehbraten	*Lieder*	

Während du zuhörst ...

2 Wer ...
- **a** hört gern Weihnachtslieder?
- **b** hat kleinere Schwestern oder Brüder?
- **c** ißt alles, was ihm angeboten wird?
- **d** kocht gern das traditionelle Essen?
- **e** hat am nächsten Morgen einen Kater?
- **f** arbeitet im Büro?
- **g** geht mit Freunden zu Partys?
- **h** bekommt Geschenke, die er nicht mag?
- **i** ißt gern Rehbraten?
- **j** bekommt Besuch von ihren Großeltern?

3 Wer sagt das – Martina, Claudia, Tobias oder Stephan?

	Martina	Claudia	Tobias	Stephan
a We have to repeat everything two or three times.				
b I like the traditional things.				
c People eat too much, then have to go on a diet.				
d We forget that we are celebrating the birth of Christ.				
e On 23rd December I go to the pub with people from work.				
f Before Christmas there's always a lot to do.				
g My parents get on my nerves.				
h It's only once a year.				
i After three or four days everything is back to normal.				
j A lot of money is wasted.				
k We used to bake special cakes.				

SITUATION 13

	Martina	Claudia	Tobias	Stephan
l Easter is different.				
m My younger brothers and sisters make a lot of noise.				
n I sit in front of the TV and forget my problems.				
o I like to hear Christmas carols.				

4 Ergänze.
Martina:
a In der Weihnachtszeit haben wir abends _____.
b Weihnachtsgeld, das ist _____ _____ _____ _____.
c Ich kriege ein _____ _____.
d Die Eltern gehen _____ _____ _____ _____.
e Mein Opa hört _____ _____ _____.
Claudia:
f Als ich ein Kind war, war es noch der große Zauber mit _____ und _____ und _____.
g Jetzt ist es _____ _____.
h Mein _____ ist „Stille Nacht, heilige Nacht".
Tobias:
i Ich denke, daß das _____ alles _____ zu viel ist.
j Man ißt zu viel und muß danach eine _____ _____.
k Man hat am nächsten Morgen _____ _____.
Stephan:
l Das bedeutet _____ _____ _____: Trinken.
m Ich arbeite das ganze _____ _____ und habe _____ und _____.
n Ich setze mich vor _____ _____.

5 Wie sagt man auf deutsch?
  a One thirteenth of my salary
  b They are all excited.
  c They get on my nerves.
  d He repeats the same things.
  e nevertheless
  f the traditional things
  g One has a hangover.
  h similar
  i That annoys me.
  j I sit down in front of the telly.

Nachdem du zugehört hast ...

6 *Den 23. Dezember. Wie jedes Jahr war Stephan mit seinen Kollegen in die Gaststätte gegangen, um zu feiern. Er hatte drei, vier, fünf, sechs Bier getrunken, dazu noch zwei, drei Glas Schnaps. Seine Freundin Martina schien kein Interesse mehr an ihm zu haben. Sie sprach ganz freundlich und aufgeregt mit Michael, dem großen Blondhaarigen aus der Finanzabteilung. Plötzlich standen Martina und Michael auf und verließen zusammen das Zimmer ...*

... und was passierte danach?
Schreib' diese Geschichte weiter.

SITUATION 14

Sammi die Schlange

Ein Gespräch über Haustiere.

WORTSCHATZ

der Dschungel	jungle
anderthalb	one and a half
das Inserat(-e)	advertisement
der Rest(-e)	remains
der Wurm(¨er)	worm
lebendig	living, alive
behandeln	to handle
der Heizkörper(-)	radiator
der Papagei(-en)	parrot
bewundern	to admire
beibringen	to teach
der Erfolg(-e)	success
das Futter	animal food
der Wellensittich(-e)	budgerigar
die Feder(-n)	feather
der Schwanz(¨e)	tail
niedlich	cute, sweet
der Tod	death
das Korn(¨er)	seed, grain
der Käfig(-e)	cage
jagen	to chase
gucken	to look

Bevor du zuhörst ...

1 Welche Tiere findest du in der Wildnis? Findest du sie in Europa?

> *Löwen Papageien Pferde Nilpferde Schlangen Würmer Igel*
> *Wespen Fledermäuse Pinguine Füchse Giraffen Koalabären*
> *Schnecken Känguruhs Wasserratten Frösche Bienen*

2 Wieviele Beine?
Zwei, vier, sechs, acht oder keine?
   a Papagei
   b Igel
   c Eichhörnchen
   d Käfer
   e Hai
   f Möwe
   g Aal
   h Truthahn
   i Spinne
   j Schaf
   k Esel
   l Dachs
   m Schlange
   n Nilpferd
   o Schildkröte
   p Wespe
   q Seehund
   r Frosch
   s Delphin

Während du zuhörst ...

3 Erwähnt oder nicht? Wenn ja, in welcher Reihenfolge?
   a eine Katze
   b ein Löwe
   c ein Wurm
   d Pferde
   e Wellensittiche
   f ein Fisch
   g eine Boa
   h Hamster
   i ein Papagei
   j ein Passionsvogel
   k eine Ratte
   l ein Meerschweinchen
   m eine Maus
   n Hunde
   o Käfer

SITUATION 14

4 Du hörst diese Zahlen, aber in welchem Zusammenhang? Was sagt man eigentlich?

- **a** 25
- **b** 6
- **c** 2½
- **d** 24
- **e** 4
- **f** 50
- **g** 10
- **h** 3
- **i** 83
- **j** 14

5 Hörst du diese Farben oder nicht? Wenn ja, in welchem Zusammenhang?

- **a** dunkelgrün
- **b** blau
- **c** gelb
- **d** schwarz
- **e** hellbraun
- **f** grau
- **g** blaugrün
- **h** weiß
- **i** dunkelgrau
- **j** hellrot
- **k** knallrot
- **l** orange

6 Welches Tier . . .

- **a** frißt Essensreste?
- **b** ist in Deutschland geboren?
- **c** wohnt im Wohnzimmer?
- **d** liegt gern unter dem Heizkörper?
- **e** frißt Nüsse und Körner?
- **f** muß jeden Tag behandelt werden?
- **g** ist mit einer Katze befreundet?
- **h** ist mysteriös und sehr exotisch?
- **i** hat sehr viel gekostet?
- **j** ist wirklich niedlich?

7 Beantworte auf deutsch.

- **a** Wann und wo hat Christian seine Schlange gekauft?
- **b** Wo wohnt Sammi jetzt?
- **c** Was frißt Sammi?
- **d** Woher kommen Papageien eigentlich?
- **e** Welches Wort sagt Fritti die ganze Zeit?
- **f** Was hat er einmal gesagt?
- **g** Was frißt er?
- **h** Welche von Frittis Federn sind wirklich schön?
- **i** Wie ist Susannes Charakter?
- **j** Wo bekommt Martina das Futter für Susanne?
- **k** Was machen die Ratte und die Katze zusammen?

Nachdem du zugehört hast . . .

8 Finde jemanden, der ein Haustier hat und stell' die folgenden Fragen.

- Was für ein Haustier hast du?
- Warum hast du gerade dieses Tier gewählt?
- Seit wann hast du es?
- Wie heißt es? Wer hat den Namen gewählt? Warum?
- Wie alt ist es? Woher hast du es?
- Wie sieht es aus?
- Was ißt es? Wer füttert es?
- Wo wohnt es? Wer sorgt dafür, daß alles sauber ist?
- Wieviel Zeit nimmt es in Anspruch, für das Tier zu sorgen?
- Was sind die Vorteile deines Tieres?
- Und was sind die Nachteile?

SITUATION 15

Männer gegen Frauen

Ein Gespräch zwischen einem Ehepaar.

WORTSCHATZ

der Unfall(¨e)	accident
lügen	to tell lies
der Quatsch	nonsense
sich schminken	to put on make-up
mindestens	at least
das Aussehen	appearance
andauernd	constantly
der Spiegel(-)	mirror
streicheln	to stroke
das Gefühl(-e)	feeling
vernünftig	sensible, rational
logisch	logical
sich aufregen	to get worked up
zornig	angry, outraged
ungeduldig	impatient
ruhig	calm
zuverlässig	reliable
im Durchschnitt	on average
achten auf	to pay attention to
die Einzelheiten	details
der Deckel(-)	lid
die Hochzeit(-en)	wedding
die Phantasie	imagination
die Pantoffeln	slippers
das Gespräch(-e)	conversation
genügend	sufficient
der Boden	floor
schnarchen	to snore
keine Ahnung	no idea
das Klo	lavatory, loo
scheußlich	dreadful
verliebt	in love

Bevor du zuhörst ...

1 Klischees

Gib deine Meinungen.
Mehr Männer als Frauen ...

> sind zuverlässig sind aggressiv achten auf Einzelheiten
> schnarchen sind ehrgeizig sind sentimental sind
> ausländerfeindlich sind umweltfreundlich achten auf ihr Aussehen
> haben Geduld sind religiös lügen treiben Sport sind Vegetarier
> haben kulturelle Interessen lesen gern

Während du zuhörst ...

2 Erwähnt oder nicht?

3 Ergänze mit den richtigen Zahlen.
   a _____ von 10 Männern tragen Socken im Bett.
   b Eine Frau in einem Auto schminkte sich mindestens _____ Minuten.
   c _____ aller Männer bilden sich 'was auf ihr Aussehen ein.
   d _____ schauen andauernd in den Spiegel.
   e _____ der Männer schauen in die Augen einer Frau, nur um sich selber zu sehen.
   f Wenn sie sich in der Stadt treffen, kommt der Mann im Durchschnitt _____ Minuten zu spät an.
   g _____ aller Männer schnarchen.
   h Wenn sie ausgeht, braucht die Frau _____ Stunden, um sich zurechtzumachen.
   i Ein Mann verbringt im Durchschnitt _____ Minuten im Badezimmer.

SITUATION 15

4 Was ist richtig? (Nicht deine Meinung, sondern was du auf der Kassette hörst!)

- **a i** 40%
  - **ii** 14% aller Männer tragen Socken im Bett.
  - **iii** 10%
- **b** Männer
  - **i** fahren
  - **ii** schminken sich   öfter als Frauen.
  - **iii** lügen
- **c** Frauen
  - **i** werden nie zornig und nie ungeduldig.
  - **ii** weinen andauernd und regen sich auf.
  - **iii** sind zu vernünftig, zu logisch.
- **d** Frauen achten zum Beispiel auf
  - **i** Decken und Zahnpastatuben.
  - **ii** den Deckel und die Zahnpastatube.
  - **iii** den Deckel der Zahnpastatuben.
- **e** Der Mann meint, daß
  - **i** Geburtstage unwichtig sind.
  - **ii** Geburtstage wichtiger sind als Hochzeitstage.
  - **iii** Geburtstage und Hochzeitstage sehr wichtig sind.
- **f** Der Mann meint,
  - **i** er bekommt Kartoffeln zu Weihnachten.
  - **ii** er bekommt Pantoffeln zum Geburtstag.
  - **iii** er bekommt Pantoffeln zu Weihnachten.
- **g** Die Frauen achten darauf, daß es im Haus genügend
  - **i** Toilettenpapier und Seife
  - **ii** Kaffee und Zeitungen
  - **iii** Zahnpasta   gibt.
- **h** Wenn sie zusammen zu einer Party fahren,
  - **i** wartet der Mann mindestens 30 Minuten.
  - **ii** fährt die Frau, kann aber nicht parken.
  - **iii** weiß die Frau, daß sie trotzdem in den Mann verliebt ist.

5 Männer oder Frauen?
Mach' zwei Listen (nicht deine Meinung, sondern was du auf der Kassette hörst!).

- **a** _____ schauen andauernd in den Spiegel.
- **b** _____ werden ungeduldig.
- **c** _____ haben keine Phantasie.
- **d** _____ sind arrogant.
- **e** _____ sind sauber.
- **f** _____ schminken sich beim Autofahren.
- **g** _____ lassen die Zeitung auf dem Boden liegen.
- **h** _____ sind sentimental.
- **i** _____ können nicht parken.
- **j** _____ halten sich für sexy.
- **k** _____ wollen nur Komplimente hören.

Nachdem du zugehört hast . . .

6 Was finden Jungen attraktiv? Was finden Mädchen attraktiv? Was finden sie nicht attraktiv?
Lies folgende Bemerkungen. Wenn du deine Meinungen hast, frage andere Jungen und Mädchen und finde ihre Meinungen darüber heraus.

- viel Make-up
- blonde Haare
- ein guter Sinn für Humor
- schmutzige Fingernägel
- ein schönes Lächeln
- mysteriöse Augen
- egoistisch, ein bißchen arrogant
- alte Klamotten
- fettige Haare
- oft unpünktlich
- sportlich
- exotisches After-Shave
- schlank
- erzählt gute Witze
- raucht
- macht Komplimente
- ein freundliches Gesicht
- cool

SITUATION 16

Mein Job – 2

Ein Straßenmusikant beschreibt seinen Job.

WORTSCHATZ	
unterbrechen	to interrupt
vorne	in front
die Stelle(-n)	position
irgendwie	somehow
die Gegend(-en)	area
gucken	to look
der Verkehr	traffic
vorbeikommen	to come past
rasen	to race, rush
die Konkurrenz	competition
der Musikant(wk)	musician
die Geige(-n)	violin
arbeitslos	unemployed
genehmigt	permitted
die Behörden	authorities
die Genehmigung(-en)	permission
klingen	to sound
der Nachteil(-e)	disadvantage
stören	to disturb
die Kneipe(-n)	pub, bar

Bevor du zuhörst ...

1 Welche von diesen hier sind *keine* Musikinstrumente?

*Akkordeon   Trompete   Trommel   Gitarre   Konzert   Baßgitarre
Mundharmonika   Geiger   Tuba   Orgelmusik   Schlagzeug
Glockenspiel   Blaskapelle*

Während du zuhörst ...

2 Hörst du diese Sätze/Wörter oder nicht?
   a zum Beispiel   **i** alles Gute
   b am meisten   **j** wie oft
   c am Abend   **k** meine Arbeitsstunden
   d Es spielt keine Rolle.   **l** auf der Straße
   e Entschuldigen Sie bitte. **m** die Polizisten
   f vielleicht   **n** am Rhein
   g sehr oft   **o** ein wenig
   h ein bißchen

3 Welche Fragen stellt die Frau an Johannes?
   a Darf ich _____ _____ _____ ? Was _____ _____ _____ und was _____ _____ _____ ?
   b Sind Sie _____ _____ an _____ _____ ?
   c Und wie _____ _____ _____ _____ auf _____ _____ ?
   d Und das _____ _____ _____ ?
   e Und das ist aus _____ ?
      Oder _____ _____ Geld _____ ?
   f _____ kommt so in _____ _____ _____ pro _____ ?
   g Stehen Sie _____ _____ _____ _____ _____ ?
   h Und _____ _____ _____ _____ Platz?
   i Und die besten _____ ? Ist das _____ _____ _____ ?
   j Es gibt _____ _____ Straßenmusikanten hier _____ _____ _____ ?
   k Aber _____ _____ _____ ? Von den _____ ?
      Man muß doch _____ _____ _____ haben?
   l Das klingt _____ _____ denn _____ ?

SITUATION 16

4 Kannst du diese Sätze verbessern?
  a Johannes studiert Musik und Philosophie. Er ist Student an der Volkshochschule.
  b Er spielt mindestens 12 Stunden pro Woche.
  c Er spielt Stücke von Mozart wie zum Beispiel die „Blaue Donau" und spielt manchmal auch moderne Lieder aus der Hitparade.
  d Er macht das aus Spaß, bekommt auch Geld dafür.
  e In einer guten Stunde bekommt er mindestens 40 Mark. In einer schlechten Stunde sind es nur 15.
  f Er steht gern, wo viel Verkehr ist, damit viele Leute ihn sehen.
  g Er steht nicht gern am Eingang vom Kaufhaus, weil es zu warm ist.
  h Eine Bekannte von ihm spielt auf der Straße Geige.
  i Er muß aufpassen, daß ihn kein Polizist sieht. Das ist sehr wichtig.
  j Johannes hat auch in Cafés und Hotels gearbeitet, aber es gefällt ihm hier besser.

Nachdem du zugehört hast ...

5 **Deutschsprachige Komponisten**
Wer hat was geschrieben?
Was weißt du darüber?
Verbinde.

  i   Ludwig von Beethoven   **a** Ein deutsches Requiem
  ii Georg Friedrich Händel   **b** Matthäuspassion
  iii Johann Strauß   **c** Hammerklaviersonate
  iv Johannes Brahms   **d** Die Meistersinger von Nürnberg
  v   Richard Strauß   **e** Die blaue Donau
  vi Richard Wagner   **f** Wassermusik
  vii Wolfgang Amadeus Mozart   **g** Also sprach Zarathustra
  viii Johann Sebastian Bach   **h** Eine kleine Nachtmusik

SITUATION 17

Fitneß? Ja, bitte

Wie bleibt man fit?

Bevor du zuhörst ...

WORTSCHATZ

joggen	to jog
häufig	frequently
weich	soft
der Knöchel(-)	ankle
der Trimm-dich-Pfad	exercise trail
allerdings	however
der Sportler(-)	sportsman
die Übung(-en)	exercise
die Absicht(-en)	intention
versuchen	to try
der Kinderwagen(-)	pushchair, buggy
der Hügel(-)	hill
schieben	to push
der Muskel(-n)	muscle
der Wettbewerb(-e)	competition
teilnehmen	to take part
die Medaille(-n)	medal
regelmäßig	regularly

1 Körperteile
Ergänze.

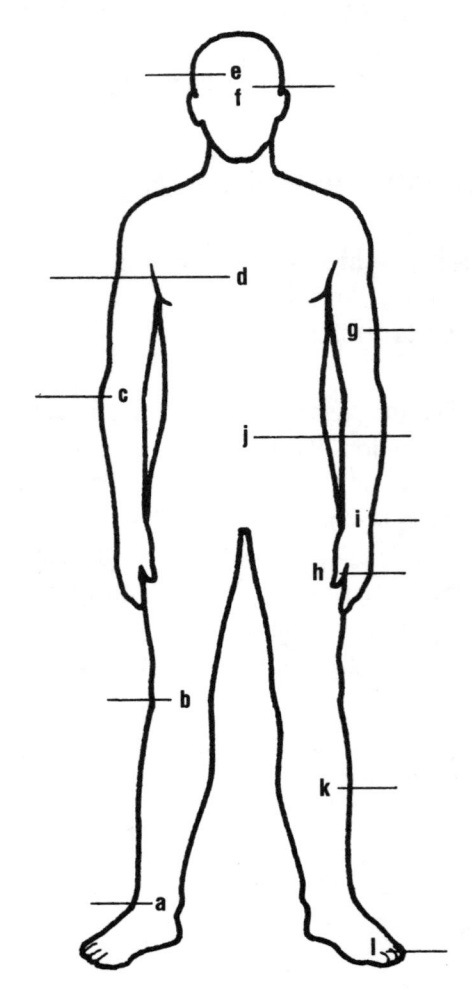

- Fußgelenk
- Handgelenk
- Knie
- Ellbogen
- Brust
- Oberarm
- Daumen
- Zehe
- Stirn
- Augenbrauen
- Schienbein
- Bauch

2 Wie sagt man auf deutsch?
a every day
b every three days
c every week
d twice a week
e once a week
f in the mornings
g every afternoon
h in the evenings
i every year
j at least once a month

Während du zuhörst ...

3 Christian, Tobias, Claudia, Sabine oder keiner?
Wer ...
a will später Lehrer werden?
b hat einen Bierbauch?
c nimmt Vitamintabletten?

SITUATION 17

d geht regelmäßig schwimmen?
e joggt zweimal pro Woche?
f hält Diät?
g hat sich Videos gekauft?
h geht ab und zu zu Fuß zur Arbeit?
i hat kräftige Armmuskeln bekommen?
j macht Übungen in der Garage?
k hat sich ein Fahrrad gekauft?
l hat sich ein Bein gebrochen?
m fährt ab und zu mit dem Rad zur Arbeit?
n trinkt nur Milch?
o geht dreimal in der Woche laufen?

4 Kannst du diese Sätze richtig schreiben?
Du hörst sie alle im Text.
a richtige allerdings und ist nur sehr eigentlich für Der schwer Sportler.
b ich hatte nicht Bierbauch, aber ist jetzt zu Früher einen großen er mehr sehen.
c habe nie Ich schon die die die Absicht und Lust, aber Zeit. finde ich eigentlich
d ich habe, die ganze Familie angefangen Als hat gelacht.
e Wenn ein Baby fit. wird trägt, man dann auch man
f vorher natürlich weg, Das alles wir was haben. wieder gemacht macht

5 Beantworte auf deutsch.
a Was macht Christian häufig?
b Was macht Christian ungefähr einmal pro Woche?
c Was macht Tobias ab und zu?
d Was macht Tobias zwei- bis dreimal pro Monat?
e Was macht Claudia von Zeit zu Zeit?
f Was macht Sabine regelmäßig?
g Was macht Sabine jeden Tag?

6 Schreib' alles auf, was Sabine (die letzte Sprecherin) sagt:
„Mein Hobby ist das Skilaufen . . ."

Nachdem du zugehört hast . . .

7 Und du?
- Was machst du, um fit zu bleiben?
- Wie oft?
- Mit wem?
- Wo?
- Ißt du auch gesund?
- Warum, oder warum nicht?

Alle in der Klasse schreiben 100 Worte darüber. Dann stecken alle ihren Zettel ohne Namen in einen Kasten oder in einen Hut.
Jetzt nimm einen Zettel heraus und lies ihn vor.
Wer hat das geschrieben? Versuch' zu raten.

SITUATION 18

Mein Vater ist Türke

Ein Mädchen aus einer türkischen Familie beschreibt ihr Leben in Deutschland.

WORTSCHATZ

die Türkei	Turkey
der Bezirk(-e)	district
die Siedlung(-en)	community, estate
außerhalb (+ gen.)	outside
der Verwandte (adj)	relation
der Bauarbeiter(-)	builder
der Hälfte(-n)	half
arm	poor
arbeitslos	unemployed
der Rassismus	racism
erziehen	to educate
behaupten	to claim
der Wettbewerb(-e)	competition
der Chor(¨-e)	choir
die Stelle(-n)	job
sich bewerben um (+ acc.)	to apply for
hassen	to hate
der Zettel(-)	slip of paper
überfallen	to attack
liefern	to deliver
unhöflich	rude
schließlich	in the end

Bevor du zuhörst ...

1 Aus welchen Ländern kommen die folgenden Leute?
  a Franzosen
  b Belgier
  c Griechen
  d Türken
  e Russen
  f Spanier
  g Polen
  h Schweizer
  i Iren
  j Bulgaren
  k Iraner
  l Schotten

2 Ergänze.

	Verb	Substantiv
Beispiel:	wohnen	Wohnung
a		Arbeit
b		Bezahlung
c	spielen	
d	bekleiden	
e		Behauptung
f	hassen	
g		Leben
h	überfallen	
i		Lieferung
j		Bewerbung

Während du zuhörst ...

3 Ergänze.
  a Elif ist in _____ geboren.
  b Manchmal arbeitet ihr Vater als _____.
  c Ihre Mutter ist _____ _____ _____ _____.
  d In der Schule waren die _____ _____ nicht freundlich.
  e Die türkischen Familien sind oft die _____ Familien.
  f Die meisten Türken gehen nicht _____ _____.
  g Die Lehrer haben _____, es gäbe keinen _____ hier.
  h Im Chorwettbewerb _____ Sabine nicht _____.

36

SITUATION 18

i Elifs Vater hat _____ _____ _____ bekommen.
j Auf dem Zettel stand _____ _____ _____.
k Andere _____ _____ _____ haben Probleme gehabt.
l Man muß schließlich _____ _____ leben.

4 Was gehört zusammen? Bilde Sätze.

a	Elifs Eltern	hat	ein Bezirk, wo viele Türken leben.
b	Kreuzberg	ist	oft arbeitslos.
c	Elifs Vater	gehen	ohne Erfolg versucht, eine neue Stelle zu bekommen.
d	Elif	hat	ein Mädchen aus Elifs Klasse.
e	Die türkischen Väter	haben	aus der Türkei.
f	Die meisten Türken	sind	oft unhöflich.
g	Birgit	liefert	als Bauarbeiter gearbeitet.
h	Birgits Vater	hat	nicht aufs Gymnasium.
i	Birgits Freunde und Freundinnen	hat	Elif auf dem Heimweg überfallen.
j	Elifs Freund	ist	vier Geschwister.
k	Die deutschen Kunden	sind	Pizza aus.

5 Wie sagt man das auf deutsch?
a i The largest Turkish community outside Turkey.
   ii That is not very well paid.
   iii They claimed there was no racism here.
   iv I was not allowed to join in.
   v Her father applied for the same job.
   vi I had a black eye.
   vii Everything started with this new job of my father's.
b i The largest German community outside the Federal Republic.
   ii His job is very well paid.
   iii He claimed there were no drugs here.
   iv I was not allowed to sing along.
   v Her brother applied for the job as a builder.
   vi He had two black eyes.
   vii Everything started with the letter from my friends.

Nachdem du zugehört hast ...

6 Schreib' ein paar Tage aus Elifs Tagebuch.

SITUATION 19

Abenteuer in China

Claudia beschreibt ihren Urlaub.

WORTSCHATZ

ursprünglich	originally
buchen	to book
üblich	usual
das Wörterbuch(¨-er)	dictionary
das Eßstäbchen(-)	chopstick
sich ärgern	to get annoyed
scheußlich	dreadful
der Haferbrei	porridge
sauer	sour
die Sehenswürdigkeiten	sights
sich umschauen	to look around
riesig	huge
die Versammlung(-en)	meeting
gründen	to found
der Leichnam(-e)	corpse
die Schlange(-n)	queue
der Palast(¨-e)	palace
wahnsinnig	crazy
das Gewitter	thunderstorm
stammen aus	to originate from
das Grab(¨-er)	grave
bloß	merely
mühsam	arduous
der Stempel(-)	stamp
der Buchstabe(wk)	letter
die Seide	silk
anstarren	to stare at

Bevor du zuhörst ...

1
- Bist du schon einmal ins Ausland gefahren?
- Mit wem?
- Wann?
- Wohin?
- Für wie lange?
- Wo hast du übernachtet?
- Was hast du gemacht? Ausflüge? Besuche?
- Was hast du gegessen und getrunken?
- Was für Souvenirs hast du gekauft?

Während du zuhörst ...

2 Schreib' die sieben Fragen des Interviewers auf.

3 Welche Frage will Claudia beantworten, wenn sie diese Dinge erwähnt? Mach' 7 Listen – für jede Frage eine Liste der erwähnten Dinge.

- **a** Eßstäbchen
- **b** das 15. Jahrhundert
- **c** Mao Tse Tung
- **d** Angst
- **e** einen Friseur
- **f** das 3. Jahrhundert v.C.
- **g** einen Sonnenhut
- **h** Tibet
- **i** Rührei
- **j** 1949
- **k** Europäer
- **l** Kopfschmerzen
- **m** Soldaten
- **n** das Jahr des Hasen
- **o** Amerikaner
- **p** ein Flugzeug
- **q** 500.000 Leute
- **r** eine Schlange
- **s** ein Wörterbuch
- **t** Reis
- **u** die Kaiserliche Familie
- **v** chinesisches Essen
- **w** eine Seidenjacke
- **x** Pferde
- **y** ein Gewitter

4 Was gehört zusammen?

- **a** In Peking ...
- **b** Im Hotel Yuan ...
- **c** Zum Frühstück ...
- **d** In Xian ...
- **e** An der großen Mauer ...
- **f** Überall in China ...

- **i** ... haben sie Fisch mit Reis essen müssen.
- **ii** ... war es eigentlich uninteressant.
- **iii** ... haben die Chinesen Claudia und ihre Freundin angestarrt.
- **iv** ... haben sie ein preiswertes Hotel gefunden.
- **v** ... haben sie die berühmte Terrakotta-Armee angeschaut.
- **vi** ... gab es eigentlich nur wenige Touristen.

38

SITUATION 19

5 **a** Kannst du das Hotel Yuan beschreiben?
   b Kannst du das Frühstück im Hotel Yuan beschreiben?
   c Warum hatte Claudia am Sonnenpalast Angst? Was ist passiert?
   d Was für Souvenirs hat sie mitgebracht?

6 Wie sagt man auf deutsch?
   a Unfortunately no-one could speak German.
   b We used sign language.
   c I get annoyed.
   d It's a huge square of 40 hectares.
   e I'll never forget that.
   f They date from the third century B.C.
   g I was born in the year of the hare.

Nachdem du zugehört hast ...

7 Du willst mit einem Freund/einer Freundin auf Urlaub fahren. Er/sie will Urlaub in Amerika machen, aber du möchtest lieber nach China fahren. Schreib' einen Brief und versuch', ihn/sie zu überreden, warum er/sie nach China mitkommen soll.

8 Stell' Fragen und finde folgendes heraus.
Wer in der Klasse ...
- war schon einmal in Asien?
- war schon einmal in Amerika?
- ist schon einmal skifahren gegangen?
- ist noch nie mit einem Flugzeug geflogen?
- hat noch nie in einem Hotel übernachtet?
- geht nicht gerne zelten?
- ißt gern chinesisches Essen?
- kauft immer neue Kleidungsstücke, wenn er/sie auf Urlaub fährt?

9 Zum Lesen. Der chinesische Kalender. Stimmst du mit den Charakterbezeichnungen überein?

 **Jahr der Ratte:** hilfsbereit, fröhlich, gesellig 1960, 1972, 1984, 1996.	 **Jahr des Pferdes:** munter, fleißig, intelligent, gesellig 1966, 1978, 1990.
 **Jahr des Ochsen:** stark, ruhig, praktisch 1961, 1973, 1985, 1997.	 **Jahr der Ziege:** höflich, sanft, schüchtern 1967, 1979, 1991.
 **Jahr des Tigers:** tapfer, energisch, kräftig 1962, 1974, 1986, 1998.	 **Jahr des Affen:** kreativ, lustig, neugierig 1968, 1980, 1992.
 **Jahr des Kaninchens:** hat Glück, erfolgreich, geduldig 1963, 1975, 1987, 1999.	 **Jahr des Hahns:** optimistisch, ehrgeizig, musikalisch 1969, 1981, 1993.
 **Jahr des Drachens:** gesund, intelligent, lebhaft 1964, 1976, 1988.	 **Jahr des Hundes:** hilfsbereit, treu, neugierig 1970, 1982, 1994.
 **Jahr der Schlange:** weise, sanft, geduldig aber oft eitel 1965, 1977, 1989.	 **Jahr des Schweines:** freundlich, ehrlich, unverkrampft, gesellig 1971, 1983, 1995.

SITUATION 20

Wie sieht man die Briten?

Junge Leute beschreiben ihre Erfahrungen in Großbritannien.

WORTSCHATZ

der Streifen(-)	stripe
hupen	to hoot, sound horn
im Gegenteil	on the contrary
winken	to wave
berühmt	famous
die Selbstverständlichkeit (-en)	something obvious
ständig	constantly
das Gespräch(-e)	conversation
die Überraschung(-en)	surprise
innerhalb	within
erklären	to explain
höflich	polite
die (Geld)strafe(-n) }	fine
das Bußgeld	
an Ort und Stelle	on the spot
stören	to disturb
das Muster(-)	pattern
tapfer	brave
der Sieger	victor, winner
fernschauen	to watch TV
darunter	amongst them
die Seifenoper(-n)	soap opera
ernst	serious
schimpfen	to moan, grumble, tell off
der Witz(-e)	joke
die Grenze(-n)	border
wichtig	important

Bevor du zuhörst ...

1 Charaktereigenschaften – positiv oder negativ?
- **a** geduldig
- **b** ehrlich
- **c** egoistisch
- **d** freundlich
- **e** nervend
- **f** tapfer
- **g** blöd
- **h** arrogant
- **i** hartnäckig
- **j** hilfsbereit
- **k** höflich
- **l** humorlos
- **m** chaotisch
- **n** nett
- **o** großzügig

Während du zuhörst ...

2 Wer hat das gesagt?
- **a** Lots of British people are opposed to the monarchy.
- **b** I parked in the wrong place.
- **c** The Germans are always portrayed as unintelligent.
- **d** The policeman was very friendly.
- **e** They watch too much television in England.
- **f** You see queues at the bus stops.
- **g** In Britain people make jokes at their politicians' expense.
- **h** The people in the North of England were friendly.
- **i** I spent some time in Derbyshire.
- **j** The British are not friendly.
- **k** Car drivers are very patient.
- **l** The pupils complained that they missed their favourite TV programme.
- **m** School in Germany starts at eight.
- **n** I think tradition is a good thing.
- **o** Motorists stop at zebra crossings.

3 Kannst du diese Sätze richtig schreiben?
- **a** hier ist in anders. Das Deutschland sehr
- **b** alte sind wirklich die am Die schlimmsten. Generation,
- **c** in Gaststätten nicht und in Kneipen und mit London wurde Wir uns gesprochen. den waren
- **d** so die den doch über Zeitungen in „Royals". ist Hier viel
- **e** auf hilfsbereit. sehr der Leute Auch die Straße sind
- **f** noch Großbritannien daß Streß Was an gefällt, es so mir gibt. Hektik ist wenig Streß und
- **g** guten Engländer tapferen, Soldaten. immer die sind Die
- **h** Die Geschichte scheinen zu sein. stolz auf ganz ihre Briten schön
- **i** in denkt über Hier nach. Politik man viel Deutschland

SITUATION 20

4 Mach' eine Liste der Adjektive, die du hörst. Schreib' mindestens 20 davon auf!

Nachdem du zugehört hast ...

5 Hast du jemals ein anderes Land besucht?
- Welches? Wann? Für wie lange?
- Was hast du seltsam gefunden?
- Was war anders als zu Hause?
- Und was war gleich?

Erzählt einander davon und schreibt einen Bericht.

6 Und wie sehen die Briten die Leute aus anderen Ländern?
Stellt einander Fragen darüber.
Was für Charaktereigenschaften haben ...
a die Deutschen?
b die Franzosen?
c die Italiener?
d die Iren?
e die Schweizer?
f die Holländer?
g die Spanier?

> *arrogant? sexy? lebhaft? ehrgeizig? gut organisiert? zuverlässig? intelligent? tapfer? langweilig? fleißig? faul? schmutzig? laut? lustig? ruhig? elegant? kreativ? ...*

Woher hast du diese Meinungen?
Woher kommen Klischeevorstellungen?

SITUATION 21

Wenn ich die Schule verlasse ...

Martina und Stephan besprechen ihre Zukunftspläne.

WORTSCHATZ

der Handel	trade
die Wirtschaft	business
die Lehre	teaching, studies, apprenticeship
Jura (no art.)	(study of) law
währenddessen	meanwhile
der Erfolg(-e)	success
durchfallen	to fail (exam)
die Selbstachtung	self-esteem
der Sinn(-e)	sense
die Wissenschaft(-en)	science
der Freiwillige (adj)	volunteer
irgendwo	somewhere
sich lohnen	to be worthwhile
obdachlos	homeless
die Drogen	drugs
süchtig	addicted
sich kümmern um (+ acc.)	to look after, take care of
überlegen	to consider
die Fachleute	specialists
der Filialleiter(-)	branch manager
die Gemeinschaft(-en)	community
die Gesellschaft(-en)	society
nötig	necessary
das Ziel(-e)	aim

Bevor du zuhörst ...

1 Zukunftspläne

Was ist für dich wünschenswert, und was interessiert dich nicht? Mach' zwei Listen.

Prüfungen	*Kultur*
Büroarbeit	*Gemeinschaftsleben*
die Politik	*Streß*
Universität	*Familie*
heiraten	*Ruhe*
Arbeit im Freien	*ein hoher Lebensstandard*
Gesundheit	*Selbstbewußtsein*
Konflikte	*die Armee*
Kinder	*reisen*
Erfolg	

Während du zuhörst ...

2 Wer erwähnt das, Martina (M) oder Stephan (S)?
a Selbstachtung
b Wirtschaftswissenschaften
c Uganda
d Jura
e Arbeitsstunden
f meinen Vater
g die USA
h Filialleiter
i Gemeinschaftsleben
j Betriebswirtschaftslehre
k Qualifikationen
l Medizin
m Aggressionen
n Musik
o Obdachlose
p Ingenieure
q europäische Städte
r die dritte Welt
s Indien
t die Schulung

SITUATION 21

3 Was ist richtig?

a Stephan will [nach / vor] dem Abitur auf die Höhere Handelsschule gehen.

b Er will [BWL / BVL] studieren.

c Er hofft, ein Jahr [in Island / in der Vereinigten Staaten] zu verbringen.

d Er braucht einen [neuen / hohen] Lebensstandard.

e Martina weiß nicht, [ob sie auf die Uni gehen will. / welches Fach sie studieren soll.]

f Geld ist für sie [das Wichtigste. / nicht das Wichtigste.]

g Martina will vielleicht mit Aids-Kranken in [Amerika / Afrika] arbeiten.

h Stephan kümmert sich [viel / nicht] um die dritte Welt.

i Martina meint, die Ausbildung sei wichtiger [als Geld. / als die Familie.]

j Für Martina sind andere Menschen wichtiger [als Geld. / als Musik und Theater.]

4 Martina, Stephan oder keiner?
Wer ...
a will vielleicht Jura studieren?
b will vielleicht Medizin studieren?
c will vielleicht ein Jahr in England arbeiten?
d will vielleicht ein Jahr in Amerika arbeiten?
e will vielleicht in Indien arbeiten?
f will vielleicht eine Zeitlang in Afrika verbringen?
g hat schon Abitur gemacht?
h hat schon mit Aids-Kranken in Asien gearbeitet?
i hat schon Zukunftspläne gemacht?
j meint, Ingenieure seien wichtiger als Lehrer?
k meint, das moderne Leben bringt zu viel Streß mit sich?
l meint, die dritte Welt braucht Experten?
m hält es für wichtig, erfolgreich zu werden?
n hält es für wichtig, keine Ausbildung zu bekommen?

5 Wie sagt man auf deutsch?
a I actually find it very important to make plans.
b I couldn't stand to fail.
c Without success my life has no meaning.
d Perhaps I'll do politics, perhaps business studies.
e He says he has learnt a great deal about himself.
f There are so many possibilities.
g By the time I'm thirty I want to be a branch manager.
h Everyone is for himself and there are conflicts and too much stress.

Nachdem du zugehört hast ...

6 Was für Pläne hast du für die Zukunft?
Alle schreiben 150 Worte darüber. Tut alle Zettel in einen Kasten. Nehmt einen Zettel heraus und lest ihn vor. Wer hat das geschrieben? Die anderen müssen raten.

7 Interviewt einander.
Benutzt folgende Fragen.
ACHTUNG: Ihr dürft nicht „Ja" oder „Nein" sagen!
• Willst du auf die Universität gehen?
• Willst du heiraten?
• Willst du Kinder haben?
• Willst du im Ausland arbeiten?
• Möchtest du mit anderen Leuten arbeiten?
• Hast du vor, in einer anderen Stadt zu wohnen?
• Ist es dir wichtig, viel Geld zu haben?
• Willst du ein großes Auto haben?

SITUATION 22

Knabberst du?

Was kann man essen?

WORTSCHATZ

sich <u>vor</u>bereiten	to get ready
Lust haben	to feel like (doing something)
gesund	healthy
der Unterricht	lessons, instruction
der Honig	honey
quatschen	to chat
die Semmel(-n)	soft bread roll
zwischenrein	in between
das Schaschlik	kebab
der Nachtisch	dessert

Bevor du zuhörst . . .

1 Was für Fleischsorten sind das?

a S C _ _ _ I _ _ F _ _ _ _ _ _ _
b R _ _ F _ _ _ _ _ _
c L _ _ _
d H _ _ N _ _ _ _

Und diese Fischsorten/Meeresfrüchte?

e F _ _ _ _ _ E
f L _ C _ _
g K _ _ B _ _ N
h S _ D _ _ _ N

Und diese Obstsorten?

i A N _ _ _ _ _
j B _ N _ _ N
k Z _ _ _ _ _ _ N

l H _ M B _ _ _ _ N
m T _ _ U _ _ _

Und diese belegten Brote?

n S C _ _ _ _ _ _ B R O T
o W _ _ _ _ B R O T
p _ _ _ E B R O T
q S _ L _ _ _ B R O T

Und diese Wurstsorten?

r _ _ _ K W U R S T
s L _ B _ _ W U R S T
t _ R _ _ W U R S T
u B _ _ R W U R S T

Während du zuhörst . . .

2 Was wird hier erwähnt? Von wem, Sabine, Christian oder Claudia?

44

SITUATION 22

3 In welcher Reihenfolge hörst du folgende Ausdrücke?
- **a** belegte Brötchen
- **b** preiswertes Frühstück im Kaufhaus
- **c** die Wurstbude
- **d** Ich gehe zum Automaten.
- **e** Kartoffelchips
- **f** Kleider anziehen
- **g** ein warmes Abendessen
- **h** der Fluß
- **i** Milch ist gesünder als Cola.
- **j** eine Tasse Kaffee am Morgen
- **k** 7 Uhr morgens

4 Ist das falsch (F) oder richtig (R), oder wissen wir das nicht(?)?

		F	R	?
a	Christian steht jeden Morgen um 6.30 Uhr auf.			
b	Sabine raucht.			
c	Sabine ist Vegetarier.			
d	Christian ist Vegetarier.			
e	Claudia spielt regelmäßig Tennis.			
f	Claudia mag Kartoffelchips nicht.			
g	Claudia ißt nie Pommes Frites.			
h	Im Sommer geht Christian jeden Tag zum Fluß.			
i	Claudia ißt oft einen Apfel zum Frühstück.			
j	Christian kauft oft eine Tüte Milch.			

5 Kannst du die Worte von Christian ganz genau aufschreiben?

Nachdem du zugehört hast ...

6 Kalorientabelle

Wieviele Kalorien haben:
- **a** ein Ei?
  - **i** 85   **ii** 150   **iii** 30
- **b** ein Glas Weißwein?
  - **i** 250   **ii** 105   **iii** 50
- **c** ein Liter Vollmilch?
  - **i** 200   **ii** 300   **iii** 650
- **d** ein Glas Coca Cola?
  - **i** 20   **ii** 300   **iii** 90
- **e** eine Portion Pommes Frites?
  - **i** 500   **ii** 100   **iii** 250
- **f** eine Bratwurst?
  - **i** 450   **ii** 800   **iii** 1000
- **g** eine Portion Salzkartoffeln?
  - **i** 350   **ii** 160   **iii** 500
- **h** eine Tasse Kaffe mit Milch und Zucker?
  - **i** 100   **ii** 40   **iii** 150

SITUATION 23

Goldmedaille für Schwimmen

Alex schwimmt für die Nationalmannschaft.

WORTSCHATZ

die Medaille(-n)	medal
die Meisterschaft(-en)	championship
benutzen	to use
allerdings	at any rate
begleiten	to accompany
das Mitglied(-er)	member
beliebt	popular
ebenso	just as
trainieren	to train
erlaubt	permitted
das Gewicht(-e)	weight
die Kurzstrecke(-n)	short distance
Diät halten	to follow a diet
das Kohlenhydrat	carbohydrate
die Mannschaft(-en)	team
verschieden	various
der Wettbewerb(-e)	competition
der Rat (die Ratschläge)	piece of advice
ehrgeizig	ambitious
das Ziel(-e)	aim

Bevor du zuhörst ...

1 Zusammengesetzte Wörter:
Nimm ein Wort von jeder Liste und mach' daraus ein längeres Wort.

Bronze ...	... freund
Europa ...	... strecke
Swimming ...	... klub
Schwimm ...	... hydrate
Fernseh ...	... tabletten
Kurz ...	... star
Kohlen ...	... meisterschaft
Pizza ...	... aufgaben
Vitamin ...	... medaille
Haus ...	... pool
Brief ...	... restaurant

Während du zuhörst ...

2 In welchem Zusammenhang erwähnt Alex?
- **a** Amerika
- **b** seine Eltern
- **c** Talent
- **d** Tennis
- **e** Fernsehstars
- **f** 5 Uhr morgens
- **g** drei Stunden
- **h** 40 Minuten
- **i** 170
- **j** 20 Sekunden
- **k** Kuchen
- **l** Vitamintabletten
- **m** Hausaufgaben
- **n** Englisch
- **o** Italien
- **p** die Olympischen Spiele
- **q** eine Goldmedaille

3 Etwas stimmt hier nicht. Kannst du den richtigen Satz schreiben?
- **a** Alex hat Bronzemedaillen und Silbermedaillen, aber bis jetzt keine Goldmedaille gewonnen.
- **b** Er hat zwei Jahre in Amerika gewohnt, als er ein kleines Kind war.
- **c** Die Nichtschwimmer durften den Swimmingpool nicht benutzten. Andere Kinder durften ihn in Begleitung ihrer Eltern benutzen.
- **d** In Deutschland ist Schwimmen beliebter als Fußball und ebenso beliebt wie Tennis.

SITUATION 23

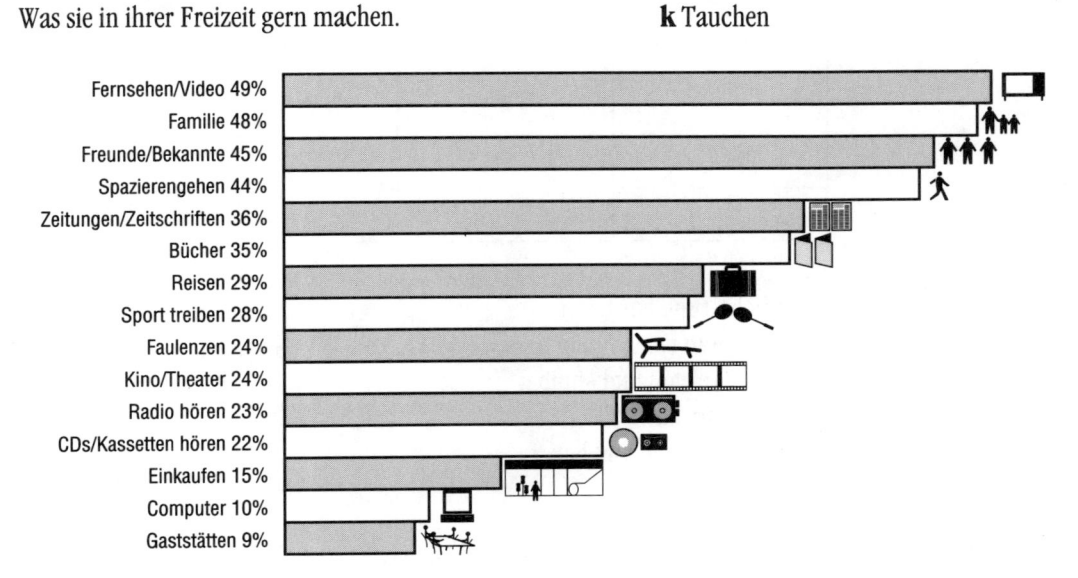

e Jeden Morgen steht er um 5 Uhr auf. Abends trainiert er mindestens zwei Stunden drei- bis viermal pro Woche.
f Wenn er Kurzstrecken trainiert, schwimmt er zum Beispiel 100mal 50 Meter.
g Für die Energie ißt er Kartoffeln, Nudeln, Kuchen, Schokolade usw.
h Alex hatte früher viele Schulfreunde. Jetzt trainiert er aber und hat wenig Zeit für sie.
i Er hat seinen englischen Brieffreund drei- bis viermal gesehen.
j Er ist wirklich gut geworden, weil seine Eltern ihn dazu gezwungen haben.

4 Ergänze.

a Wir haben einen Swimmingpool _____ _____ _____ _____.
b _____ _____ _____ das Schwimmen halt sehr schnell lernen.
c Schwimmer waren _____ _____ _____ _____.
d Ich komme etwas spät in die Schule, aber _____ _____ _____ _____.
e Ich schwimme mit einem _____ von 160 bis _____, _____ _____ _____ _____ _____ _____.
f Bei den Meisterschaften gehen wir _____ _____ _____ _____ _____ _____ _____.
g Ich gehe viel mit _____ _____, _____ _____ _____ _____.
h Ich habe einen englischen Brieffreund, den ich dann drei- _____ _____ _____ _____ _____.
i Ich habe Freunde in Amerika und Italien, gegen _____ _____ _____ _____ _____.
j Um _____ _____ _____ _____, muß man _____ _____ _____ _____.

Nachdem du zugehört hast ...

5 Bist du ehrgeizig?
Was für Ziele hast du im Leben?
a ... eine Goldmedaille zu gewinnen?
b ... Millionär zu werden?
c ... berühmt zu werden?
d ... viele Kinder zu haben?
e ... in einem kleinen ruhigen Dorf zu leben?
f ... lange und gesund zu leben?
Schreib' 150 Worte über deine Lebensziele.

6 Findet man diese Sportarten/diese Spiele in den Olympischen Spielen oder nicht?
a Schwimmen
b Gewichtheben
c Rudern
d Schach
e Hochsprung
f Weitsprung
g Ringen
h Rugby
i Damen
j Radfahren
k Tauchen
l Bogenschießen
m Surfen
n Kegeln
o Rollschuhlaufen
p Schlittschuhlaufen
q Eishockey
r Fechten
s Boxen
t Leichtathletik
u Golf

7 Freizeitaktivitäten der Deutschen.
Was sie in ihrer Freizeit gern machen.

Fernsehen/Video 49%
Familie 48%
Freunde/Bekannte 45%
Spazierengehen 44%
Zeitungen/Zeitschriften 36%
Bücher 35%
Reisen 29%
Sport treiben 28%
Faulenzen 24%
Kino/Theater 24%
Radio hören 23%
CDs/Kassetten hören 22%
Einkaufen 15%
Computer 10%
Gaststätten 9%

SITUATION 24

Mein Auto – mein Freund

Was für Autos fährt man gern?

WORTSCHATZ

die Versicherung(-en)	insurance
die Investition(-en)	investment
erfolgreich	successful
unabhängig	independent
der Luxus	luxury
die Polsterung(-en)	upholstery
zuverlässig	reliable
der Katalysator(-en)	catalytic convertor
bleifrei	lead-free
die Umwelt	environment
der Wert(-e)	value
das Treffen(-)	meeting
ärgern	to annoy
bedauern	to regret
umweltfreundlich	environmentally friendly
der Käfer	beetle (slang: VW–car)
die Ente(-n)	duck (slang: 2CV–car)
auf die Nerven gehen	to get on one's nerves
behaupten	to claim
die Persönlichkeit(-en)	personality
die öffentlichen Verkehrsmittel	public transport

Bevor du zuhörst ...

1 Das Auto

Verbinde das deutsche Wort mit dem englischen.

a	Scheinwerfer	i	tyres
b	Kühler	ii	oil filter
c	Batterie	iii	hand brake
d	Reifen	iv	seat belt
e	Ölfilter	v	clutch
f	Auspuff	vi	accelerator
g	Lenkrad	vii	windscreen
h	Sicherheitsgurt	viii	battery
i	Kupplung	ix	boot
j	Handbremse	x	headlights
k	Kofferraum	xi	exhaust
l	Blinker	xii	radiator
m	Windschutzscheibe	xiii	fan belt
n	Gaspedal	xiv	indicator
o	Keilriemen	xv	steering wheel

Während du zuhörst ...

2 Welches Auto?

Trag' die Einzelheiten in die Tabelle ein.

Porsche	BMW	Mini	Opel

a zuverlässig
b läßt sich leicht fahren
c gelb und lila
d grau
e 4 Jahre alt
f fährt bleifrei

i Polsterung aus Leder
j mit orangenen Blumen
k mit Telefon und Minibar
l 17 Jahre alt
m mit Telefon und Fax
n nichts besonderes

g heißt Max
h Symbol des Erfolges
o grün

SITUATION 24

3 Wer meint das? (Stephan, Christian, Sabine oder Claudia)
  a I want everyone to see that I'm successful.
  b My car is good for the environment.
  c You need a car to go to the supermarket.
  d I'm independent.
  e I change my car every two years.
  f I painted my car myself.
  g I regret not having a catalytic converter.
  h I travel a lot in Germany and Europe.
  i I left university six years ago.
  j When it's fine I prefer to cycle.
  k I would use public transport if it were possible.
  l My car is easy to drive.
  m I work in insurance.
  n There is an elephant on my car.
  o Red is too loud and aggressive.

4 Welche Wörter fehlen hier?
  a Ich habe vor sechs Jahren die Uni verlassen, hab' eine Stelle in _____ Finanzbüro angenommen.
  b Ich hab' _____ also neulich jetzt _____ Porsche gekauft.
  c Mein Porsche, das ist _____ Luxus für mich.
  d Alle sollen sehen, _____ ich erfolgreich bin.
  e Von meiner Firma _____ ich _____ zwei Jahre ein neues Auto.
  f Der ist in Deutschland gebaut und _____ ist der zuverlässig.
  g _____ finde ich nützlich, _____ man ein wichtiges Treffen hat.
  h Die habe ich _____ angemalt.
  i _____ Max gebaut wurde, da _____ es noch keinen Katalysator.
  j Viele Studenten haben _____ wie ich einen alten Wagen.
  k Reparaturen, _____ mache ich selber.
  l Ich benutze mein Auto, _____ _____ zur Arbeit zu fahren.
  m Ich _____ ja mit öffentlichen Verkehrsmitteln zu Einkaufszentren fahren.
  n Wie man _____ kommen soll ohne _____ eigenes Auto, _____ ich leider nicht.

5 Wie sagt man auf deutsch?
  a a kind of symbol of my success
  b every two years
  c I set great store by that.
  d These people annoy me.
  e I am actually quite 'green'.
  f a sign that we want to have nothing to do with materialism
  g The people get on my nerves.
  h They claim their car has a personality.
  i Without a car it is impossible to shop in a supermarket.

Nachdem du zugehört hast ...

6 Was hast du in deinem Auto?
  • eine Landkarte?
  • ein Paar Handschuhe?
  • Kleingeld?
  • Kaugummi?
  • eine Sonnenbrille?
  • Kassetten von Beethoven?

Schreibt eine Liste auf einen Zettel, ohne Namen. Steckt alle Listen in einen Kasten. Nehmt eine Liste heraus und lest sie vor. Die anderen müssen raten, wer das geschrieben hat.

7 Wer in der Klasse ...
  a hat das älteste Auto?
  b hat das kleinste Auto?
  c hat ein ausländisches Auto?
  d hat das schmutzigste Auto?
  e hat neulich eine Panne gehabt?
  f hat einem Auto einen Namen gegeben?

SITUATION 25

Haushalt

Wie hilft man zu Hause?

WORTSCHATZ

obendrein	in addition
zugegeben	granted, admittedly
bügeln	to iron
putzen	to clean
ansonsten	otherwise
staubsaugen	to hoover
zurechtkommen	to cope
leidtun	to feel sorry
teilen	to share
keine Ahnung	no idea
körperbehindert	physically disabled
übrig	left over
sexistisch	sexist
die Entspannung	relaxation
ab und zu	now and again
der Waschautomat(-en)	car wash
die Wasserleitung	plumbing
sowieso	in any case
streichen	to paint

Bevor du zuhörst ...

1 **Männerarbeit oder Frauenarbeit?**
Sag deine Meinungen.

> Bügeln Gartenarbeit Kinderbetreuung Elektrisches
> Autoreparaturen Wäsche waschen kochen einkaufen staubsaugen
> Rasen mähen abspülen Hund füttern Klo sauber machen
> tapezieren Betten machen

Während du zuhörst ...

2 Wer (Stephan, Christian, Martina, Tobias) erwähnt?

	Stephan	Christian	Martina	Tobias
a bügeln				
b einkaufen				
c Fenster putzen				
d Fenster reparieren				
e Elektrisches				
f saubermachen				
g Betten machen				
h streichen				
i mit dem Hund spazierengehen				
j kochen				

3 Wer ...
   a hat eine behinderte Mutter?
   b muß weder kochen, waschen, Betten machen noch saubermachen?
   c macht sein Bett, muß aber nicht saubermachen?
   d geht nur einkaufen, wenn er Auto fahren darf?
   e hat zwei Brüder?
   f wohnt mit seiner Mutter und seiner Schwester zusammen?
   g bekommt jeden Monat Geld von seiner Mutter?
   h kommt nie auf die Idee, Geld für den Haushalt anzunehmen?
   i findet es wichtig, daß Jungen Haushalt lernen?
   j wohnt mit anderen Studenten in einer Wohnung zusammen?

4 Was machen die vier Sprecher und was machen sie nicht?
   Mach' Listen:
   a Stephan:
   b Christian:
   c Martina:
   d Tobias:

5 Kannst du alle die Worte des 4. Sprechers ganz genau aufschreiben?

Nachdem du zugehört hast ...

6 Wieviel Zeit verbringst du bei der Hausarbeit?
   Wieviele Stunden pro Woche beim ...
   a Kochen?
   b Abtrocknen?
   c Einkaufen?
   d Wäsche waschen?
   e Auto waschen?
   f Fenster putzen?
   g Betten machen?
   h Staubsaugen?
   i Saubermachen?
   j Bügeln?
   k Boden kehren?
   Stellt einander Fragen darüber und macht eine Tabelle der Ergebnisse.
   Wer arbeitet am meisten im Haushalt?
   Wer arbeitet mehr, die Männer oder die Frauen?

SITUATION 26

Das Interview – 1

WORTSCHATZ

sich bewerben um (+ acc.)	to apply for
die Anzeige(-n)	advertisement
seitdem	since
der Ruf	reputation
zufrieden	content
höflich	polite
der Mitarbeiter(-)	colleague
der Kunde(wk)	customer
genießen	to enjoy
plaudern	to chat
rechnen	to count
der Kassenwart(-e)	treasurer
die Verantwortung übernehmen	to take responsibility
pünktlich	on time
regelmäßig	regular
irgendwelche	any
reinigen	to clean
schick	smart
Bescheid geben	to inform

Bevor du zuhörst . . .

1 Schreib' das deutsche Wort aus und verbinde es mit dem englischen.

a A _ _ _ _ T _ S _ _ _ _ E N   **i** uniform
b G _ _ _ L T   **ii** employee
c _ _ _ F _ _ _   **iii** work-mate
d _ _ B _ _ T G _ _ E R   **iv** opening hours
e A _ _ _ _ T N _ _ M _ _   **v** colleagues
f M _ _ _ _ _ E _ T _ _   **vi** office
g V E R _ _ _ W _ _ _ U _ _   **vii** working hours
h Ö _ _ N _ _ _ S Z _ _ _ _ N   **viii** employer
i K O L _ _ _ _ _ _   **ix** responsibility
j B _ _ _   **x** salary

Während du zuhörst . . .

2 Wie heißen die Fragen?

a Wie ist ....?

b Darf ich ....?

c Warum ....?

d Wer ....?

e Was denken Sie ....?

f Kommen Sie ....? Können Sie ......?

g Können Sie ....?

h Was ....?

i Das ....?

j Können Sie ....?

k Haben ....?

l Ist das ....?

52

SITUATION 26

3 Sagt Christian das oder nicht?
  a Ich bin neunzehn Jahre alt.
  b Diese Gegend ist mir bekannt. Ich bin hier aufgewachsen.
  c Mein Freund ist fünfzehn.
  d Ich habe keine Probleme, mit Geld umzugehen.
  e Ich finde, Zusammenarbeit ist sehr wichtig.
  f Ich war früher Mitglied eines Schachklubs.
  g Der Kellner muß bereit sein, Fragen zu beantworten.
  h Ich habe schon einmal in einem Restaurant gearbeitet.
  i Ich bin Student und suche einen Job für den Sommer.
  j Ich bin seit einigen Jahren Mitglied eines Orchesters.
  k Wenn Kunden Witze erzählen, muß der Kellner lachen.
  l Der Kellner muß sich beeilen, wenn Kunden warten.
  m Ich spreche gern mit den vielen Touristen in dieser Gegend.
  n Mein Freund Peter hat hier in der Küche gearbeitet.
  o Der Kellner muß saubere Hemden tragen.

4 Wie sagt man das auf deutsch?
  a I've been at university since I left school.
  b A friendly and polite person, a really good colleague.
  c The customers want to enjoy their food.
  d They often ask questions about the area, about what there is to see here.
  e Can you cope with the language?
  f I know the area like the back of my hand.
  g I was given a lot of responsibility there.
  h What about washing and cleaning?
  i I am in favour of a waiter looking as smart as possible.
  j I'll let you know soon.

Nachdem du zugehört hast ...

5 Siehe Übung 2 („Wie heißen die Fragen?"). Du hast dich um eine Stelle beworben und hast ein Vorstellungsgespräch. Beantworte die Fragen:
  a höflich und intelligent
  b unhöflich und dumm
  Dein/e Partner/in könnte die Rolle des Arbeitgebers/der Arbeitgeberin spielen.

SITUATION 27

Das Interview – 2

WORTSCHATZ

die Unterlagen	documents
Krach haben	to have a row
der Bademeister	lifeguard
der Erfolg(-e)	success
klappen	to work out well
blöd	stupid
bestellen	to order
das Gericht(-e)	dish, food
quatschen	to chat
die Geduld	patience
das Trinkgeld	tip
gerecht	fair, just
sich benehmen	to behave
genügen	to suffice

Bevor du zuhörst ...

1 Wo arbeitet man?
Verbinde.

a Kellner
b Bergarbeiter
c Polizistin
d Bauer
e Krankenpfleger
f Verkäufer
g Mechaniker
h Fotograf
i Erzieher
j Maurer
k Matrose
l Koch
m Pilotin
n Lokführer

i Geschäft
ii Zug
iii Werkstatt
iv Kindergarten
v Schiff
vi Polizeiwache
vii Baustelle
viii Krankenhaus
ix Küche
x Café
xi Studio
xii Bergwerk
xiii Bauernhof
xiv Flugzeug

Während du zuhörst ...

2 Falsch oder richtig?

		falsch	richtig
a	Tobias ist Student an der Universität Bonn.		
b	Er hofft, mit seiner Freundin in den Urlaub zu fahren.		
c	Er hat schon als Bademeister gearbeitet.		
d	Er meint: „Es ist ganz einfach, Kellner zu sein."		
e	Als Kunde hat er dieses Restaurant besucht.		
f	Er findet es wichtig, daß ein Kellner schick aussieht.		
g	Er kann die vielen Touristen gar nicht leiden.		
h	Er findet es nicht gerecht, daß die Kellner und Kellnerinnen das Trinkgeld nicht teilen.		

SITUATION 27

3 In welchem Zusammenhang hörst du folgendes?
   a blöde Leute
   b Fisch
   c Nerven
   d Krach
   e Pech
   f Wasser
   g seine Freundin
   h Salzkartoffeln

4 Beantworte auf deutsch.
   a Warum will Tobias seinen Namen nicht sagen?
   b Warum fährt er nicht in Urlaub?
   c Was ärgert Tobias?
   d Wann und wo ist ihm das passiert?
   e Wie findet er die Touristen?
   f Warum ist es kein Problem für ihn, mit Geld umzugehen?
   g Was sagt er über Trinkgeld?

Nachdem du zugehört hast ...

5 Dein Freund/deine Freundin hat nächste Woche ein Vorstellungsgespräch für einen Job. Welchen Rat kannst du ihm/ihr geben?
Zum Beispiel:
- Versuche, mindestens 20 Minuten zu früh anzukommen.
- Suche vorher die Firma auf einem Stadtplan, damit du dich nicht verläufst.
- Paß auf, daß deine Fingernägel sauber sind.

· transcripts ·

Situation 1. **Urlaubskrieg!**

Christian: Also, was machen wir jetzt?

Stephan: Ja also ich wär' dafür, daß wir in die Jugendherberge gehen. Da können wir echt billig übernachten. Ich hab' hier 'n Handbuch mit allen Jugendherbergen und 'ne Liste und ähm hier hab' ich auch 'ne Landkarte. Also am besten gehen wir nach Südengland, also Cornwall soll sehr schön sein, auch in Brighton, da gibt es viele junge Leute, is' viel los. Und 'n Freund hat da letztes Jahr im Hotel gearbeitet, der war völlig begeistert, wegen der ganzen vielen Studenten, die da sind, und viele Deutsche, Partys, Lokale. Das Nachtleben ist einfach klasse. Ähm, und danach können wir ja 'ne paar Tage nach London gehen, in die Jugendherberge.

Sabine: Ja ja, das klingt ja ganz gut, okay, okay, aber immerhin ist es mein Auto und meiner Meinung nach sollten wir in ein „B und B" gehen. Das heißt da sind Fremdenzimmer in einem Haus. Nur dann kann man England richtig kennenlernen. Das ist ganz einfach. Man bekommt ein Zimmer mit Frühstück. Typisch englisches Frühstück ist das, mit Eiern und Schinken, Tomaten, Brot, Marmelade. Und preiswert ist es auch. Man braucht kein Mittagessen, das kann ich dir sagen. Und Abendbrot, ja Abendbrot, das haben wir einfach in dem Pub oder 'nem Restaurant, das ist auch ganz preiswert. Ich will Engländer und England richtig kennenlernen, Kultur erleben. Ich will zum Beispiel nach Oxford, die Universität sehen. Es gibt auch ganz viele alte Colleges aus dem Mittelalter dort. Und nach Stratford muß ich unbedingt – da wo Shakespeare war – weißt du? Ich glaub', wir sollten Karten für's Theater besorgen.

Stephan: Ach, das ist doch langweilig.

Sabine: Ja, hast du Macbeth schon gesehen? Ich hab's gesehen, und es war einfach Spitze.

Christian: Also ich finde, wir sollten ja zelten gehen. Das ist am aller… allerbilligsten, außerdem ist es am aller… allerspannendsten. Außerdem möchte ich gerne nach Schottland, das liegt ganz weit im Norden. Das muß wirklich die allerschönste Landschaft sein. Außerdem gibt's da nicht so viele Touristen. Und auf dem Weg dahin können wir auch in Yorkshire vorbeischauen und im Seengebiet – im Lake District – das muß wunderschön sein. Da kann man ganz tolle Wanderungen machen. Außerdem gibt's viele kleine Dörfer, so richtig typische englische Dörfer. Und außerdem, die Schotten sind viel freundlicher als die Engländer.

Stephan: Ach Schnickschnack. Das ist doch alles langweilig. An der Südküste ist richtig was los. Und London, ich meine, die Stadt schlechthin.

Sabine: Ich komme nach England, um was zu sehen, weißt du? Kathedralen, Schlösser, Burgen … Ich will von Stratford nach Bath fahren, da sind römische Ruinen. Es gibt viele Museen. Meiner Meinung nach sind Ferien nicht nur zum Faulenzen da.

Christian: Vor allem möchte ich nicht in die Großstädte. Ich will meine Ruhe haben, wenn ich in den Urlaub fahre. Ich möchte meinen Frieden haben und ich möchte frische Luft atmen. Die Küste, die muß super sein, und vor allem möchte ich an die Küste im Norden.

Sabine: Ja aber im Norden, was ist da los? Ich will in die Städte, ich will York sehen. Da gibt's 'nen Dom, Museen, die ganz ganz alte Stadtmauer.

Christian: Das ist doch viel zu teuer. Das kostet viel zu viel Geld.

Stephan: Ahh ja aber trotzdem. Ich meine, Urlaub ist dafür da, daß du was tust, was du in Deutschland nicht tun kannst.

Sabine: Also ich glaube, ich fahre am besten mit anderen Freunden, die sich für Kultur interessieren.

Christian: Ja, ich glaub' auch. Ich kenn' 'nen Freund, der geht Zelten in Schottland. Ich glaub', ich fahr' mit dem.

Stephan: Ja und ich? Ich bleib' hier allein zu Haus'.

Situation 2. **Fußball, mein Lieblingsspiel**

Stephan: Jetzt bringen die heute abend noch 'mal Fußball im Fernsehen, so was Langweiliges.

Christian: Das ist doch super. Fußball ist mein Allerlieblingsspiel.

Stephan: Ach, also Fußball kann ich nicht leiden. Ich verstehe gar nicht, was die Leute so faszinierend daran finden.

Christian: Du mußt wissen, ich spiel' schon seitdem ich drei oder vier Jahre alt bin. Ich hab' mit meinem Vater begonnen, im Garten, und dann mit meinem Bruder und mit Freunden und anderen Jungen im Park gespielt, auf der Straße, in der Schule, einfach überall. Fußball, finde ich, ist das allerbeste Spiel der Welt. Das ist zwar ein einfaches Spiel, aber es ist auch elegant. So Mannschaft gegen Mannschaft, ist so Zusammenarbeit, Zusammengehörigkeit.

Stephan: Spielst du immer noch?

Christian: Ja, natürlich. Jeden Sonntag. Ich spiel' im Rotring FC, hier am Ort.

Stephan: Also, das kann ich wirklich nicht verstehen. Also ich geh' schwimmen, ich laufe, ich bleibe fit, aber Fußball – das ist so aggressiv! Warum nicht allen einen Ball geben und jeder noch ein Tor dazu, ich meine dann gibt es keinen Streit, kein Problem?

Christian: Du verstehst auch überhaupt nix. Das ist ein Gemeinschaftsgefühl in 'ner Mannschaft zu spielen, zu reagieren, mit dem Fuß, mit dem Kopf. Natürlich muß man auch fit sein.

Stephan: Gehst du auch manchmal zu Spielen hin?

Christian: Ja, natürlich. Ich geh' jeden Samstag zum Hertha BSC – das ist der allerbeste Fußballverein in Deutschland. Ich geh' hier immer ins Olympiastadion in Berlin.

Stephan: Also jetzt versteh' ich überhaupt nichts mehr. Da sind die Leute, die randalieren, die heulen, die schreien, die sind aggressiv. Ich meine, Fußballfans, das sind doch keine intelligenten Menschen, das sind Tiere.

Christian: Du verstehst ja immer noch nichts. Man geht dahin

57

und man unterstützt die Mannschaft. Die... die Fans, die tragen alle ihre Mützen, die Schals, die Flaggen, wir singen, wir feuern die – unsere – Mannschaft an. Dann spielen die Spieler auch viel, viel besser. Man wird so aufgeregt, man geht richtig mit. Warum zahlt man so viel Geld, wenn man dann bloß 'rumsitzt? Das wäre langweilig.

Stephan: Ja, und warum guckst du 's dir nicht im Fernsehen an?
Christian: Das ist doch völlig anders. Da kommt überhaupt gar keine Atmosphäre auf. Man sieht dann immer nur einen Teil des Spiels, und man... wenn man im Stadion ist, dann sieht man alles, man sieht das ganze Spiel, man sieht alle Spieler, man sieht den Schiedsrichter, man sieht jedes Foul und dann kann man auch selber entscheiden, wer Schuld ist. Und man kann auf die anderen schimpfen, man kann den Gegner anschreien, das gehört alles dazu. Das ist das Gemeinschaftsgefühl.
Stephan: Also, ich finde das alles ziemlich traurig. Und was hast du für 'nen Job?
Christian: Ich bin Bankangestellter. Du hast ja Recht, mit den Randalieren, das... das ist auch 'n Problem, wenn die zuviel trinken und es gibt auch Aggression und Straßenschlachten. Aber wenn jede Woche zweihunderttausend normale Menschen in Deutschland zu einem Fußballspiel gehen, ist das dann noch ein Problem?

Situation 3. **Eine neue Wohnung**

Mutter: Ja, Sabine, in acht Tagen wirst du deine eigene Wohnung haben. Ich mache mir schon Sorgen. Bist du dir sicher, daß du dir das leisten kannst? So was kostet 'ne Menge Geld...
Tochter: Ach, Mutti, mach' dir da mal keine Sorgen! Ich habe alles, was ich brauche. Das Bett von Oma, den Eßtisch von Tante Ingrid und der Rainer, der hat gesagt: zwei Stühle für die Eßecke, und ein Sofa kann ich mir kaufen. Was brauch' ich denn sonst noch?
Mutter: Zum Kochen – hast du daran gedacht?
Tochter: Ach, na klar. 'n Gasherd, der ist schon in der Wohnung.
Mutter: Ja und Besteck und Geschirr? Womit ißt du denn – mit den Fingern?
Tochter: Ach, Mutti, Mutti. Das Besteck, das kauf' ich mir. Im Sommerschlußverkauf bei Kaufhof[1] gibt's das immer ganz billig.
Mutter: Ja, aber die Qualität. Das dauer... Der Schlußverkauf dauert doch auch nur 'ne Woche.
Tochter: Jetzt hör' aber mal auf zu meckern. Ach... Geschirr hab' ich schon in der Wohnung. Vier Teller bekam ich im Juni von Steffi zum Geburtstag. Und Weingläser und Biergläser, die kann ich auf dem Markt kaufen. Da gibt's die immer ganz billig.
Mutter: Wein und Bier? Aber was ist mit normalem Essen? Hast du denn überhaupt 'nen Kühlschrank?
Tochter: Aeh, nee, da hab' ich noch nicht dran gedacht. Aa, ich glaub', das ist auch nicht so wichtig. Milch kauf' ich jeden Tag, Butter ess' ich sowieso nicht und Käse, na der schmeckt besser warm. Ja, Wein und Bier – das ist gekühlt zwar besser, aber...
Mutter: Uh! Ich mach' mir wirklich Sorgen um dein Essen. Versprich mir, daß du dich richtig ernährst mit Vitaminen, Obst und Gemüse. Nicht jeden Tag Pizza und Hamburger essen. Und wenn du willst, kannst du auch am Wochenende nach Hause zurückkommen, dann kann dir deine Mutti 'n gutes Essen kochen. Du kommst doch mindestens einmal in der Woche? Versprich mir das!
Tochter: Ja, ja!
Mutter: Hast du denn auch 'n Bett? Nimmst du deine Steppdecke mit? Ist es dir warm genug in der Nacht? ... Was machst du denn mit einer Waschmaschine? Du hast ja jetzt nicht mehr deine Mutti, die dir dein Zeug saubermachen kann.
Tochter: Ach, Mutti, das ist kein Problem. Mach' dir da mal keine Sorgen. 'n Waschsalon ist nur fünf Minuten von der Wohnung entfernt. Und da kann ich einmal die Woche hingehen. Das ist auch nicht so teuer.
Mutter: Und Bügeln? Hast du denn überhaupt 'n Bügeleisen?
Tochter: Aa!
Mutter: Ach, ich könnte dir ja auch 'n Bügeleisen schenken zum nächsten Geburtstag. Sonderangebot im Elektroladen.
Tochter: Ja, danke. Mein größtes Problem ist Musik. Weißt du, Kassettenspieler hab' ich, aber CDs... Also ich glaub', da werd' ich mal Vati fragen. Er gibt mir bestimmt das Geld dafür. Ja und das allerwichtigste ist Harold, mein Teddybär. Der muß unbedingt mitkommen, den darf ich nicht vergessen.

[1] A department store.

Situation 4. **Stehlen? Was? Ich?**

Stephan: Hast du den Artikel gelesen, in dem steht, daß viele Deutsche von ihrem Arbeitgeber klauen?
Tobias: Also ich arbeite in einer Bank und ich nehme manchmal Klammern und Tesafilm mit oder Umschläge, aber das sind Kleinigkeiten, das macht nichts aus. Außerdem benutze ich manchmal das Telefon für Privatgespräche. In der Bank muß man ehrlich sein. Wenn das Geld am Ende des Tages nicht stimmt, dann müssen wir bleiben, bis wir den Fehler finden. Das ist bisher nur zweimal passiert und einmal mußten wir dann bis neun Uhr abends bleiben und das war meist der Fehler vom Filialleiter.
Stephan: Ja, also ich bin Vertreter und da muß ich viel reisen. Ich hab' auch 'n Firmenauto und für das soll ich mein Benzin für Privatreisen selbst bezahlen. Aber ich meine, wer weiß denn schon, ob ich nun gerade eine Privatreise mache oder nicht? Und ich meine auch Geschenke für die Kunden, so Pullover mit Logos und Tagebücher, Kalender und Whisky für Weihnachten und so. Also ich nehm' was ich will. Die Firma ist reich, die merkt das sowieso nicht. Und ich bin eh unterbezahlt. Und ich meine, Stehlen ist vielleicht ein

schlechter Ausdruck. Ich meine, das machen doch alle. Ich hab' das von einem Lehrer gehört, vor zwanzig Jahren schon, der wohnte neben der Schule und jedes Wochenende haben Schüler die Kohle von seiner Schule in Säcken über die Straße zu seinem Haus getragen, für seine Heizung zu Hause, vor zwanzig Jahren. Und auch in den Ferien, da hat er sich dann den Fernsehapparat geborgt. Ja, und 'n anderer Lehrer, der hat mal 'ne Schulreise organisiert und das Geld, was übrig war, dann für sich selbst benutzt. Das ist richtiges Stehlen.

Christian: Also, ich bin Schreiner und ich nehm' mir manchmal Nägel, Holzstücke und andere kleine Sachen mit. Das ist allgemein akzeptiert, das ist überhaupt gar kein Problem. Ich kenne Kollegen, die Werkzeug klauen, Hämmer und Bohrer. Das ist ganz normal. In einer großen Firma ist das fast erwartet. Ich habe früher in einem großen Laden gearbeitet. Da haben die Mitarbeiter so allerlei Sachen geklaut: Brötchen, Kuchen, Kleidung, aber meistens immer so kleine Sachen, auch Socken, Unterwäsche und Kassetten. Stehlen? Nein, Stehlen heißt für mich Millionen von der Bank stehlen. Aber keiner merkt doch, wenn ein Hammer fehlt.

Martina: Stehlen? Nein, nicht wirklich, nicht wirklich stehlen. Auch nicht kleine Dinge, is' egal ob groß oder klein, schon aus Prinzip nicht. Ich bin Designerin und bekomme Probeexemplare, wenn wir Zeichnungen machen, zum Beispiel von Scheren und Schraubenziehern oder Verpackungen für Kuchen oder Kekse. Und wir dürfen das dann behalten und mit nach Hause nehmen. Ich benutze das Telefon im Büro für Privatgespräche, aber das ist auch erlaubt, denn schließlich benutze ich das Telefon zu Haus für die Arbeit, also ist das kein Problem. Ähm, andere Kollegen stehlen Zeit, nämlich wenn sie Zeit in den Toiletten verbringen, während der Arbeitszeit quatschen oder Romane lesen oder so was. Ähm, das ist nicht richtig, meiner Meinung nach.

Situation 5. **Mein Job – 1**

Sabine: Ich arbeite hier bei „Fanny" im Laden in der Albertstraße. Ich muß von Montag bis Samstag, von 8.30 Uhr bis 12.30 Uhr und 2 bis 6 arbeiten. Mittwoch nachmittags ist geschlossen und freitags ist sogar bis 8 Uhr geöffnet. Aber es gefällt mir ganz gut. Seit anderthalb Jahren bin ich immerhin schon hier.

Vorher war ich auf der Realschule in Koblenz. Die Hauptfächer da, wie Mathe und Englisch, waren nichts für mich. Praktische Fächer, wie Kunst, Nähen und Handarbeit, waren mir viel lieber. Am meisten interessiere ich mich aber für Mode, Kleider und so.

Nach diesen zwei Jahren auf der Schule bin ich dann zu „Fanny" gekommen. Hier mache ich ein bißchen von allem – Haare waschen, schneiden, färben, manchmal auch den Boden kehren und Waschbecken saubermachen. Am allerliebsten habe ich es aber, wenn junge Leute in den Laden kommen und ich neue Stile ausprobieren kann, einfach schöpferisch sein kann.

Das gefällt mir. Letzte Woche zum Beispiel, da war ein Mädchen hier. Die sah vielleicht aus.[1] Haare buschig, unordentlich, lang. Die wollte 'nen neuen Stil haben. Und nachher! Eine Verwandlung – schön, schick und modern.

Was ich nicht so gerne mach' ist Färben; das ist zu gefährlich, wenn man die Farbe zu lange oder . . . zu lange im Haar läßt oder man einfach zu viel Farbe verwendet. Dann ist vielleicht 'ne Katastrophe da!

Vor 5–6 Wochen hatte ich 'ne Bekannte von mir hier, 'ne 15-jährige, die wollte 'nen Punkeffekt in Rot und Grün. Sah furchtbar aus, aber sie war glücklich.

Am liebsten spreche ich mit den Kundinnen, über alles Mögliche – Fernsehen, Filme, Ferien, Einkaufen. Meistens kommen sie von den Geschäften, und ich frage sie, was sie gekauft haben. Ich gebe meine Meinung über Fernsehsendungen, Musik. Die mögen das.

Alte Damen dagegen sind sehr konservativ, die verstehen keinen Spaß, sind so richtig langweilig. Meistens wollen sie lesen. Aber dafür gibt's hier Zeitschriften.

Die meisten Männer wollen auch die Zeitung lesen, oder ein Buch. Und letzte Woche, ja letzte Woche war so'n junger Mann hier, der war vielleicht[2] arrogant, hatte 'nen Walkman auf, wollte sich die Haare schneiden lassen, aber die Kopfhörer vom Kopf nehmen, nee, das ging nicht. Solche Kunden, die kann ich überhaupt nicht leiden.

[1] She looked a real mess.
[2] really, very.

Situation 6. **Was ißt man eigentlich?**

Christian: Weißt du Stephan, gestern habe ich einen Zeitungsartikel gelesen. Da ist ein Mann in Frankfurt operiert worden und da hat man im Bauch 'nen Nagel, Armbanduhr, Glasstücke und ein Kabel gefunden. Das ist doch unglaublich. Auch habe ich gestern einen anderen Artikel gelesen, daß der menschliche Körper sowieso aus viel Metall besteht. Und da hat der Körper genug Eisen, um einen kleinen Nagel zu machen. Auch hat er genug Phosphor, um 2.000 Streichhölzer zu produzieren. Und jeder weiß doch, daß der Körper zu 70% aus Wasser besteht, im Durchschnitt so 4,5 Liter.

Stephan: Nja, das kann schon sein, Christian. Meine Frau ist schwanger und die hat seltsame Dinge gegessen: Bananen auf Toast, und abends Erbsenpüree mit Zwiebeln oben drauf.

Christian: Das ist doch ganz normal. Meine Frau hat mal kleine Kohlenstücke gegessen. Aber auch Eis, jeden Morgen auf dem Weg zur Arbeit mußte es ein Eis sein. Auch mitten im Winter. Und mußte es unbedingt Schokolade sein immer . . . Schokoladeneis, und dann, als sie mal schwanger war mit dem zweiten Kind, da waren's auf einmal Krabben, Krabben zum Frühstück, zum Mittagessen, zum Abendessen. Aber das schadet nichts.

Schlimmer ist es doch, wenn du nicht weißt, was du ißt. Ich habe auch 'nen anderen Artikel gelesen, daß in Europa viel zu viel Zucker gegessen wird. Ja, alle wissen ja, daß in Bonbons, Limonade, Alkohol und so was, Zucker drin ist. Aber auch in Obst, zu 20% in Bananen, Trauben und Kirschen, zum Beispiel, und 15% in Äpfeln, Birnen, Erbsen und Ananas, und 10% in Orangen, Zitronen, Erdbeeren. Aber auch in Zwiebeln und Karotten ist Zucker drin.

Stephan: Kaum zu glauben . . .

Christian: Und auch . . . da ist auch das Fett. Zum Beispiel wenn man eine Diät machen will, da ist Sahne, Butter, Margarine eigentlich eher unbedeutend. Wichtiger ist, auf Käse zu verzichten, denn Käse besteht zu 50% aus Fett. Doch viele essen . . . viele Leute essen viel Käse, wenn sie Diät machen. Aber auch Würste, die bestehen zu 55% aus Fett. Und dann sind da aber auch noch Knochen, Augen und Zungen darin – das heißt sehr, sehr wenig Fleisch. Und wenn man das Fleisch ißt, ißt man im Durchschnitt 10 bis 20% Fett. Außerdem ist es sehr ungesund, weil es viel Cholesterin behält . . . enthält. Viel besser ist es doch, Fisch zu essen, so Forellen, Makrelen, aber auch Muscheln. Und es ist sehr wichtig das zu wissen, wenn man eine Diät machen will. Auch sollte man lieber Brot, Nudeln, Salate, Gemüse essen, die sind sehr fettarm und auch sehr, sehr gesund. Davon kannst du essen, soviel du willst. Der Artikel war unheimlich interessant, den mußt du mal lesen.

Stephan: Du, ich glaub', das brauch' ich nicht mehr. Du hast mich damit jetzt so zugelabert.

Situation 7. **Jürgen – Schüler in den 30er Jahren**

Interviewerin: Wann hat Ihre Schulzeit begonnen?

Jürgen: Ja, also mein erster Schultag war 1930, da war ich sechs Jahre alt. Dann bin ich bis 1942 zur Schule gegangen, dann mußte ich aber in den Krieg ziehen als Soldat bis 1945. Danach bin ich dann noch zwei Jahre, zwei weitere Jahre zur Schule gegangen. Ich hab' meinen Abschluß am Gymnasium gemacht, damals war das noch ein Abitur in allen Fächern, mit Griechisch, Latein, Deutsch, Mathematik und so weiter. Wir waren allerdings keine gemischte Schule, wie das heutzutage normal ist, wir waren eine reine Jungenschule, das heißt wir haben . . . also um die Mädchen zu sehen, sind wir dann zu der Mädchenschule 'rüber gegangen, in den Pausen.

Interviewerin: Was haben Sie denn zum Beispiel in Geschichte gelernt?

Jürgen: Ja, also in Geschichte, damals sprach man wirklich noch vom deutschen Vaterland und vom Ruhm und Ehre des deutschen Volkes. Zur Nazizeit haben wir sehr wenig über andere Länder gesprochen. Die französische Revolution oder Englands Geschichte wurden also wirklich nur am Rande erwähnt. Über den ersten Weltkrieg, na ja wir haben über die Ursache gesprochen, daß das eben der Neid der anderen Völker war und daß Deutschland im Vergleich zu Großbritannien eben keine Seemacht war, und daß es eben mit Frankreich große Probleme mit der Grenze gab, mit dem Grenzverlauf in Elsaß-Lothringen. Nach dem ersten Weltkrieg, da war es eben so, daß eben viele Menschen in Deutschland eben die Niederlage . . . als . . . Deutschland wirklich als Schandfleck empfunden haben.

Interviewerin: Und wie war es nach dem Krieg?

Jürgen: Nach dem zweiten Weltkrieg war es sehr schwer, weil viele Lehrer Beamte im Kaiserreich und dann in der Weimarer Republik waren und dann auch noch unter den Nationalsozialisten. Das heißt sie waren politisch belastet und wurden teilweise entlassen.

Interviewerin: Wann ist es dann anders geworden?

Jürgen: Das hat einige Jahre gedauert. Ähm, in den sechziger Jahren begann man dann die Jugend aufzuklären, über den Krieg, über die Ursachen, über die Folgen. Das war in den dreißiger Jahren ganz anders, da waren all' die Kinder in der Hitlerjugend oder in der BDM[1] und dort hat man Freizeitaktivitäten miteinander unternommen, man hat Sport getrieben und ist Zelten gegangen, aber all' das war mit Propaganda übersetzt, das heißt, man wurde also schon politisch beeinflußt. Man durfte eben auch nur gewisse Bücher lesen, oder bestimmte Musik hören und man durfte auch nicht dahin reisen, wo man hin wollte. Mein Rat für die heutige Jugend ist eben, daß es sehr wichtig ist, sich zu informieren, von ganz vielen verschiedenen Quellen, so daß man eben, wenn man etwas gesagt bekommt, das eben kritisch betrachten kann.

Interviewerin: Vielen Dank.

[1] BDM = Bund deutscher Mädel (the League of German Girls)

Situation 8. **Militärdienst oder Zivildienst?**

Tobias: Christian, gehst du zur Bundeswehr, oder machst du Zivildienst?

Christian: Also ich denke, ich werde zum Bund gehen. Das ist 'ne Pflicht, die jeder machen sollte. Und außerdem ist es nur ein Jahr. Aber selbst wenn es länger wäre, würde ich hingehen. Mein Vater hat's gemacht, ich werde es tun und mein Sohn wird's bestimmt auch tun. Ich finde, man soll den Schwächeren, die Frauen, die Kinder schützen. Wenn man das nicht macht, hat man kein Recht, in Frieden und Freiheit zu leben. Wir Deutschen haben doch in der Vergangenheit gelernt, daß es gefährlich sein kann, wenn nur ein Mensch Macht hat. Viele in der Welt wollen die Macht ergreifen, da muß man bereit sein, gegen sie anzugehen. Nur so können wir sicher sein, daß wir frei leben können. Wie ist das denn mit dir, Tobias?

Tobias: Nein, also ich bin absolut sicher, daß es nie richtig ist, einen anderen Menschen zu töten. Auch im Krieg heißt das für mich: Mord. Ich könnte nie einen anderen Menschen erschießen. Heutzutage ist alles im Krieg sehr sauber, klinisch und automatisiert. Man muß nur noch auf einen Knopf drücken, aber das führt alles zum gleichen Prinzip: Mord. Meine Familie hat

TRANSCRIPTS

versucht, mich zu überzeugen, aber ich bin davon überzeugt, daß es nie richtig ist, mit Bomben und Waffen zu versuchen, seine Meinung durchzubringen. Das kann man heutzutage in Osteuropa, Nordirland und in Südafrika sehen. Gewalt hat da nie geholfen. Man muß gegen diese Art von Aggression mit Geduld und Liebe ankämpfen. Ich habe gewählt, im Altersheim zu arbeiten, ich muß fünfzehn Monate statt einem Jahr arbeiten und es wird recht schwer sein, denn ich muß teilweise zehn bis zwölf Stunden pro Tag arbeiten. Aber, was wäre die Alternative? Und wie sieht das mit dir aus, Stephan? Wie hast du dich entschieden?

Stephan: Ja, also ich hab' mich sehr schwer getan mit der Entscheidung. Also ich glaube, ich . . . ich gehe schon hin. Also im Krieg, in der Schlacht zu töten, das ist für mich nicht Mord. Das ist was ganz anderes. Ich glaube, man muß sich da wirklich selber informieren. Man darf da auch nicht auf irgendwelche Propaganda, von welcher Seite auch immer, 'reinfallen. Ich meine, guck' mal, Propaganda wie in der Nazizeit oder in den ehemaligen kommunistischen Ländern Propaganda gibt es auch heute noch in vielen Ländern. Und in der Schule, im Fach politische Weltkunde, da haben wir über Krieg, Frieden und Demokratie gesprochen. Ich fand das sehr wichtig. Und nur durch Diskussionen . . . andere . . . dadurch daß man anderen Leuten zuhört, und andere Meinungen wahrnimmt, kann man eigentlich sich richtig entscheiden. Und, also, ich finde, äh daß Deutschland mitten . . . in der Mitte Europas liegt und es ist das größte Land mit sehr viel Macht. Und das ist sehr wichtig, daß wir Deutschen uns richtig entscheiden. Und das es für mich für 'n geeintes, friedliches Europa.

Situation 9. **Karneval**

Tobias: Und was macht ihr über Fasching bei euch?
Martina: Ähm, bei uns heißt das Karneval und ist ein großes Fest in der Region. Ich bin die Weinkönigin meines Dorfes am Rhein. Das heißt, ich bin die Tochter eines Winzers. Und meine ganze Familie ist eine Winzerfamilie: mein Vater ist Winzer, mein Großvater ist Winzer, die ganze Familie seit 1796. Ähm, und das schönste Mädchen in der Gegend (das bin ich!) wird zur Weinkönigin gewählt. Du mußt mindestens achtzehn Jahre alt sein und bist dann Weinkönigin für ein ganzes Jahr.

Und was ich mache als Weinkönigin? Wir haben Karnevalsumzüge am Rosenmontag,[1] und ich sitze auf einem Wagen, auf dem LKW mit meinen Prinzessinnen und trage ein silbernes Kleid und meine Krone. Und wir haben einen Umzug durch die Straßen und ich werfe Süßigkeiten für die Kinder. Da sind Blaskapellen, es gibt viel Musik. Alle tragen Kostüme und bunte Masken. Und es ist sehr, sehr laut, und alle tanzen und haben Spaß.

Abends ist dann die Karnevalsparty. Und ich als Weinkönigin halte eine Büttenrede, das ist 'ne lustige Rede für die Leute, die da sind. Ich hab' normalerweise viel Angst und hab' mir schon vorher Notizen gemacht. Aber die Leute trinken viel, viel Wein und viel Bier und viel Schnaps, und sind betrunken und merken meine Fehler meistens nicht.

Tobias: Ja, also, wir gehen dann meist zu einem Maskenball. Und das mach' ich also seit meiner Kindheit. Und die Kinder, die tragen da normalerweise Masken, die sie selber gemacht haben. Und dann gibt es also einen Wettbewerb, wer die schönste Maske hat. Ich hab' das leider nie gewonnen, aber meine Schwester hat das vor zwei Jahren gewonnen, mit einer sehr schönen Katzenmaske. Meine Maske dieses Jahr ist eine Brille mit einer großen Nase und einem Schnurrbart. Und ich trage eine sehr große Krawatte, die meine Oma genäht hat. Und der Ball selber: da wird also Diskomusik gespielt. Da wird getanzt, getrunken und gegessen. Ähm, ich ess' dann meist 'ne Bockwurst, Currywurst, und Gebäck. Und dann, am nächsten Tag ist leider alles vorbei, dann ist der Aschermittwoch. Dann werden die Glocken geläutet und danach ist alles ruhig.

Claudia: Fasching ist nichts für mich. Hier in der Stadt gibt's Umzüge, Maskenbälle und Partys. Als ich noch jung war, bin ich viel hingegangen — aber jetzt? Seit mein Mann vor sechs Jahren gestorben ist, gehe ich nicht mehr hin. Rosenmontag, Faschingsdienstag bleibe ich zu Hause oder ich besuche meine Schwester. Sie wohnt auch am Ort und ist verwitwet. Ich habe lieber meine Ruhe, sehe fern und lese. Ja, früher, als ich noch 'n Kind war, war das anders, aber jetzt ist alles vorbei. Ich denke immer an meinen Mann, an die guten Zeiten, die wir zusammen hatten.

[1] The day before Shrove Tuesday

Situation 10. **Ich bin in Ost-Berlin geboren**

Erkan: Ich heiße Erkan Müller, ich bin in Ost-Berlin geboren und ich war drei Monate alt, als 1961 die Mauer gebaut wurde. Ich erinnere mich daran nicht. Mutti und Vati haben von Verwandten drüben im Westteil geredet, von Tanten und Onkeln, die da wohnen. Die waren eigentlich nur ein Kilometer weit weg, aber das machte keinen Unterschied. Sie existierten nicht für uns und wir hatten noch keine Möglichkeit dorthinzukommen.

Ja, ich bin im Ostteil aufgewachsen und bin dort auch zur Schule gegangen und anschließend war ich noch bei den Pionieren, das ist so was wie, na ja, Pfadfinder mit 'nem politischem Anstrich. Und unsere Verwandten haben uns manchmal besucht, einmal pro Jahr, später dann auch öfter. Die haben alle gesagt, es wäre besser in West-Berlin, da wären die Geschäfte voll und man würde Arbeit finden und es wär' einfach viel schöner. Aber wir durften nicht reisen. Nur innerhalb des Ostblocks, nach Bulgarien, Ungarn, Jugoslawien.

Ja, so mit neunzehn bis zwanzig Jahren hab' ich begonnen, Pläne zu machen. Man hatte Geschichten und Gerüchte gehört, Leute waren über die Grenze im Kofferraum eines Autos hinübergekommen oder im Benzintank oder sogar an der Unterseite eines Zuges, vom Bahnhof Friedrichstraße im Osten bis Bahnhof Zoo im Westen, was etwa fünf Minuten dauert. Also, ich bin 'rüber gekommen, das war nicht so dramatisch für mich. Mein Bruder, der ist zwei Jahre älter als ich, der hatte Bekannte und der hat ein Visum und einen Paß gekriegt, woher und wie, das weiß ich nicht. Wir haben alle tausend Mark... D-Mark zahlen müssen. Wir sind dann über die Grenze nach Bulgarien... Wir sind nach Bulgarien gereist, wir haben dort einen Monat bleiben müssen. Danach sind wir nach Ungarn und von dort aus über die Grenze nach Österreich. Das war die einfachste Methode. Und von Wien nach... wieder zurück nach Berlin, natürlich der Westteil. Und dann sind wir dort bei einer Tante und einem Onkel geblieben.

Ich habe dann Arbeit in einer Bank gefunden. Ich arbeite aber jetzt als Journalist, schreibe auch Artikel und einen Roman, was in Ost-Berlin nie möglich gewesen wär' – aus politischen Gründen. Meine Eltern sind dann 1986 hinübergekommen. Leute, die älter als 65 waren, denen war es erlaubt. Die konnten nicht mehr arbeiten für Sozialismus.

Dann... '89, als die Mauer abgerissen wurde, tja, da haben wir alle die große Freiheit bekommen, obwohl es immer noch Schwierigkeiten gibt. Also zum Beispiel weiß ich von 'nem Freund, der ist Lehrer und für den ist es sehr schwer, eine Stelle zu bekommen. Und die Industrie im Osten, tja, die ist halt alt und altmodisch. Und die muß dringend modernisiert werden. Das braucht viel Geld und es gibt auch Probleme dort mit Obdachlosigkeit und Drogen. Ja, ich bin froh, daß ich vor zehn Jahren hierher gekommen bin. Wir haben jetzt... jetzt haben aber die Westberliner etwas gegen die Leute vom... aus dem Ostteil und es ist nicht so einfach eine Stelle zu bekommen oder gar eine Wohnung.

Situation 11. **Was sollte man anziehen?**

Martina: Hallo Claudia! Ich bin's, Martina. Ich hab' 'ne gute Nachricht: Ich hab' einen Job.
Claudia: Grüß dich! Gratuliere! In der Bank?
Martina: Nein, nicht der. Der bei der Versicherungsfirma. Es ist wirklich interessant. Ich hab' vorher einen Artikel in der Zeitung gelesen. Frauen bei einem Vorstellungsgespräch haben Probleme, denn die Männer haben kein Vertrauen, sie glauben den Antworten nicht, sie hören nie zu, was die Frauen sagen. Und weißt du warum? Weil Männer nur auf das Äußere achten! Zum Beispiel glauben sie, daß blonde Frauen nicht intelligent genug sind. Sie sind nicht vertrauenswürdig, sie sind nicht verantwortlich, und erst recht nicht intellektuell. Zum Beispiel glauben sie, daß Frauen mit Brille besser arbeiten können als Frauen mit Kontaktlinsen oder ohne Brille. Und sie glauben, daß Frauen in Kostümen, in dunkelblauen oder grauen oder schwarzen Kostümen, professioneller handeln und mehr Ehrgeiz haben, und deshalb zuverlässiger sind.

Claudia: Das's ja unerhört! Ich hab' nächste Woche ein Vorstellungsgespräch – ich glaube, ich muß das auch versuchen.
Martina: Ja, ich hab's versucht. Du weißt ja, wieviele Vorstellungsgespräche ich hatte, ohne Erfolg. Und gestern! Ich hab' die Stelle wirklich gewollt, sie ist interessant und gut bezahlt. Ich hab' mir die Haare färben lassen: dunkelbraun.
Claudia: Dunkelbraun?! Aber deine schönen blonden Haare!
Martina: Dunkelbraun – und kurz!
Claudia: Nein! So schön lang!
Martina: Ja, wirklich! Und es ist ein so altmodischer Schnitt, ganz einfacher Stil. Ich hab' mir sogar eine Brille gekauft.
Claudia: Und ein schwarzes Kostüm?
Martina: Ein schwarzes Kostüm und eine schwarze Aktentasche hab' ich getragen. Es war der Profi-Effekt. Es war langweilig – aber ich hatte Erfolg. Ich hab' den Job!
Claudia: Waren die Fragen im Vorstellungsgespräch anders als vorher, oder wie waren deine Antworten?
Martina: Die Antworten waren genau dieselben wie die früher schon waren. Genau dieselben wie letzte Woche und letzten Monat.
Claudia: Ich muß das auch versuchen.
Martina: Ja, das Problem ist, daß du rote Haare hast. Da hilft nichts. In genau demselben Artikel hab' ich gelesen, daß rote Haare nicht vertrauenswürdig und nicht zuverlässig sind. Das gleiche gilt übrigens für Männer mit Schnurrbart.
Claudia: Dann ist ja bloß gut, daß ich wenigstens keinen Schnurrbart habe!
Martina: Ja, du hast Glück. Wie auch immer: Viel Glück! Wie war dein Wochenende?
Claudia: Ach, schön.

Situation 12. **Bist du Tierfreund?**

Sabine: Ich verstehe einfach nicht, warum du Vegetarier bist, Christian.
Christian: Na, Sabine, ich bin Vegetarier jetzt schon seit über zwei Jahren. Denn ich bin der Überzeugung, der Mensch hat kein Recht, 'n Tier zu töten. Alle haben das Recht, auf dem Planeten zu leben. Die Menschen und auch die Tiere; wir sind nicht besser.
Sabine: Was, du bist immer noch Vegetarier? Viel zu extrem für mich. Schon immer haben Menschen Fleisch gegessen. In ganz primitiven Gesellschaften sind die Männer auf die Jagd gegangen. Übrigens habe ich vor kurzem im Radio gehört, daß man in... in Europe im Durchschnitt im Laufe des Lebens 36 Schweine, 36 Schafe, 8 Kühe und auch 550 Hähnchen ißt. Das ist was ganz normales.
Christian: Aber die modernen Methoden lassen die Tiere doch nur leiden. Die, die Tiere sind doch nichts anderes mehr als Fleischmaschinen... chemische Zutaten, Drogen... gezüchtet, um noch mehr Fleisch, Milch und Käse zu produzieren. Das ist doch keine Freiheit mehr! Man muß die Tiere schützen. Man hat kein Recht, sie auszubeuten. Wie zum Beispiel mit den wilden Tieren,

	die Elefanten – jedes Jahr werden Tausende von Elefanten getötet, nur für Elfenbein . . .
Sabine:	Ja, ja!
Christian:	. . . Vasen und Schmuck.
Sabine:	Aber der Mensch schützt die Tiere immerhin im Zoo.
Christian:	Ach, Zoos sind doch nur Gefängnisse. Das ist doch schrecklich. Die müssen als erstes abgeschafft werden.
Sabine:	Ich glaube, für die Größeren ist die Wildnis besser. Aber für die Kleineren ist der . . . Zoo doch ein Schutz. Man kann sehr viel davon lernen, sind sehr nützlich für die Menschen.
Christian:	Meinst du Tierforschung? Ah, das, dagegen bin ich absolut. Die sind nur grausam und unmenschlich. Was bringt es, ein Tier langsam mit Gift zu füttern, bis es stirbt, oder die Haut mit verschiedenen chemischen Substanzen zu verbrennen, oder Flüssigkeiten in die Augen zu tun, bis es brennt und bis das Tier blind wird? Das ist doch was schreckliches, aber es ist wahr!
Sabine:	Ich glaube, die Forschung ist sehr wichtig – oder verwendest du kein Shampoo, Kosmetika . . .
Christian:	Ah . . .
Sabine:	Seife!
Christian:	Das brauchen wir nicht!
Sabine:	Aber Medikamente. Bei Operationen versucht man es zuerst an Tieren. Man setzt ihnen Ersatzorgane ein, wie Herzen und Lungen. Und es ist immer noch besser, solche Sachen an Tieren als an Menschen zu testen, falls es Probleme gibt. Und ob Tiere genau so Schmerzen fühlen wie Menschen, bezweifle ich!
Christian:	Doch, doch, doch. Vielleicht sind die Tiere nicht so intelligent wie wir Menschen, weil sie nicht sprechen und schreiben können, aber sie haben auch Nerven wie wir und sie fühlen genauso wie wir. Und außerdem sind viele Wissenschaftler der Meinung, daß wir sowieso alles erfunden hätten, was wir heute haben, auch ohne Tierforschung und ohne, daß Tiere gelitten hätten.

Situation 13. **Weihnachten**

Claudia:	Martina, was machst du denn immer so an Weihnachten?
Martina:	Ich arbeite im Büro und in der Weihnachtszeit haben wir abends Weihnachtsfeiern. Und es gibt natürlich auch Weihnachtsgeld, das ist der Bonus vom Arbeitgeber, ich krieg' ein dreizehntes Gehalt. Die Zeit verbringe ich dann mit Freunden und wir feiern abends im Gasthaus. Vor Weihnachten ist immer sehr viel zu tun, aber ab dem vierundzwanzigsten Dezember ist dann Schluß, dann ist Weihnachten und ich bin mit der Familie, was oft sehr langweilig ist. Ich habe kleinere Schwestern und Brüder und . . . sie fragen ständig und alle schreien und alle sind aufgeregt und die Eltern gehen mir auf die Nerven. Und Opa und Oma kommen, was furchtbar ist. Mein Opa hört nicht sehr gut und man muß alles zwei- oder dreimal sagen. Und er spricht laut und trinkt viel zu viel, viel Wein und viel Schnaps und wiederholt immer dieselben Dinge. Aber das dauert, Gott sei Dank, nur drei oder vier Tage und dann ist wieder alles normal und ich geh' zurück zur Arbeit, Gott sei Dank. Claudia, was bedeutet Weihnachten für dich?
Claudia:	Ach nicht mehr das, was es bedeutet hat, als ich noch ein Kind war. Damals war es noch der große Zauber mit Geschenken und Kerzen und Kugeln. Und wir haben Kekse gebacken, richtiges, schönes Weihnachtsgebäck und wir haben viele Lieder gesungen. Aber jetzt ist es anders geworden. Trotzdem ist es noch schön, mit der Familie zusammen zu sein. 'N bißchen Sentimentalität? Ach warum nicht? Religiös? Sind wir eigentlich nicht besonders, aber trotzdem höre ich gern Weihnachtslieder. Mein Lieblingslied ist „Stille Nacht, heilige Nacht". Ich koch' auch sehr gern Rehbraten und Gans, das Traditionelle gefällt mir.
Stephan:	Und was machst du zu Weihnachten, Tobias?
Tobias:	Ja also, ich denke, daß das heutzutage alles viel zu viel ist. Wir haben vergessen, was es wirklich bedeutet, die Geburt von Jesus Christus. Partys, Essen, Trinken, Geschenke, das ist alles viel zu viel. Wieviel Geld wird verschwendet! Geschenke, die man nicht mag, die man nicht braucht. Man ißt zuviel und muß danach eine Diät halten; man trinkt zuviel und hat am nächsten Morgen einen Kater. Und so viele Unfälle entstehen auf der Straße. Man tut Dinge, die man normalerweise nie tun würde. Ostern ist anders. Ein religiöses Fest für Christen. Weihnachten sollte ähnlich sein. Wir haben leider den Grund des Feierns vergessen. Das ärgert mich. Und was denkst du darüber, Stephan?
Stephan:	Ja also, Weihnachten, das bedeutet vor allen Dingen: Trinken. Bier, Wein und Schnaps. Und warum auch nicht? Ich meine, es ist nur einmal im Jahr, ja und Essen, natürlich alles was angeboten wird. Ich meine, ich arbeite das ganze Jahr lang und habe Probleme und Schwierigkeiten. Und Weihnachten, da kann ich endlich mal entspannen, froh sein, da genieße ich Gemeinschaft. Ich geh' auch mit Freunden auf Partys, ich setz' mich vor die Glotze, und da kann ich echt mal die Probleme meiner Welt vergessen. Das große Saufen, das beginnt nach der Arbeit am dreiundzwanzigsten Dezember. Da gehen wir immer mit Kollegen zusammen in die Gaststätte, bleiben da so bis Mitternacht, ein, zwei Uhr. Und am nächsten Tag, da erinnern wir uns an nichts mehr.

Situation 14. **Sammi die Schlange**

Christian:	Mein Haustier ist eine Schlange. Ich hab' sie Sammi genannt. Sie ist eine Boa aus Südamerika, direkt aus dem Dschungel, Brasilien oder Bolivien. Boas können fünfundzwanzig bis dreißig Meter lang werden, aber Sammi ist nur anderthalb Meter lang. Sie ist sechs Jahre alt. Ich hab' sie vor zweieinhalb Jahren gekauft und durch ein Inserat in der Zeitung bekommen. Und ich habe Sammi ein Aquarium und auch Pflanzen und so weiter gekauft.

Was sie ißt? Meistens Pflanzen, aber auch Fleisch, Hähnchen, Essensreste, ab und zu 'ne Maus oder 'n Wurm – aber die müssen noch lebendig sein. Und sie ißt sogar Eier.

Eigentlich schläft sie viel. Sie bleibt ruhig im Aquarium liegen. Und sie ist sehr schön anzusehen. Sie ist dunkelbraun, hellbraun, weiß, ein bißchen rot – mysteriös und sehr exotisch.

Behandlung? Jeden Tag muß ich sie behandeln. Es ist eigentlich nicht gut, sie vierundzwanzig Stunden im Aquarium liegen zu lassen. Sie liegt gern auf dem Teppich, unter dem Heizkörper, dort, wo es so schön warm ist.

Sabine: Mein Haustier ist ein Papagei. Er heißt Fritti. Eigentlich kommen Papageien aus Peru, aber Fritti ist in Deutschland geboren. Ich habe Fritti vor vier Jahren von einem Laden beka... gekauft. Es war sehr schwierig, ihn zu bekommen, und er war auch sehr teuer. Drei bis vier... vier Monate mußte ich auf Fritti warten.

Warum ich einen Papagei habe? Ich glaube, Papageien sind sehr interessant. Und sie leben lange. Über fünfzig Jahre. Fritti ist zehn Jahre alt, glaub' ich.

Wenn ich Besuch habe, ist Fritti sehr bewundert. Und meine Besucher sprechen sehr gern mit ihm. Aber Fritti antwortet nicht. Ich hab' es versucht, habe versucht, ihm etwas beizubringen. Ohne Erfolg. Fritti kann nur „Tschüß" sagen – und das sagt er die ganze Zeit. Ein einziges Mal hat er „Ich liebe dich" und „Halt's Maul" gesagt, aber das war nur einmal. Aber es hat mir viel Spaß gemacht, zu versuchen, mit ihm zu sprechen.

Fritti, ähm, frißt Vogelfutter, was ich im Geschäft kaufe. Und es... es ist genau das gleiche Futter, was Wellensittiche essen. Aber er ißt viel mehr. Fritti wiegt drei Kilo und ist achtunddr... dreiundachtzig Zentimeter vom Kopf bis zum Ende des... der längsten Feder des Schwanzes.

Frittis Farben habe ich sehr gern. Es ist hellrot, grün, blau – und die kleinen weißen Federn auf dem Kopf, sie sind wirklich schön. Der Papagei ist mein Lieblingsvogel. Ich finde Fritti faszinierend.

Martina: Mein Haustier ist eine Ratte. Sie heißt Susanne. Sie ist wirklich niedlich. Braun, 'n bißchen hellbraun, sehr freundlich und wirklich intelligent. Viele glauben ja, daß Ratten schmutzig sind und denken an die Pest, an den Schwarzen Tod in Europa im vierzehnten Jahrhundert. Aber das ist nicht wahr. Sie sind wirklich intelligent. Und sie können lernen. Ich rufe – und sie kommt. („Komm' hier...") Sie frißt aus meiner Hand; frißt Hamsterfutter, das ich im Geschäft kaufe; Nüsse, Körner und so was, und ist auch sehr sauber. Sie wohnt in ihrem kleinen Käfig im Wohnzimmer.

Ich hab' auch eine Katze, und die beiden sind wirklich gute Freunde. Sie spielen zusammen auf dem Tisch, jagen sich im Wohnzimmer herum, sind hinterm Sofa und unterm Tisch und überall. Die Ratte, Susanne, ist viel intelligenter als die Katze, Polly. Polly ist 'n bißchen dumm, sie bleibt oft nur sitzen und guckt. Es ist wirklich faszinierend, den beiden zuzusehen.

Situation 15. **Männer gegen Frauen**

Frau: Hör mal her, was ich hier in der Zeitung lese, das ist wirklich sehr interessant. Vier von zehn Männern tragen Socken im Bett, und Frauen fahren besser Auto, haben weniger Unfälle. Männer sind arrogant, aggressiv, glauben alle sie fahren besser als Frauen. Männer lügen öfter als Frauen.

Mann: Ach, das ist doch Quatsch. Frauen sollen besser Auto fahren als Männer? Frauen haben überhaupt kein Interesse daran. Weißt du, heute morgen war eine Frau hinter mir im Auto, die schminkte sich für mindestens zehn Minuten.

Frau: Nein, nein. Hier steht es 73% aller Männer bilden sich 'was auf ihr Aussehen ein, 69% schauen andauernd in den Spiegel; während sie fahren, streichen sie sich über die Haare, das Gesicht, die Krawatte und glauben sie wären wunderschön.

Mann: Ja, aber wir sind doch schön. Ihr Frauen hingegen wollt immer nur Komplimente über euer Aussehen hören.

Frau: Hier steht es, daß 50% der Männer nur in die Augen einer Frau schauen, um sich selber zu sehen.

Mann: Na ja, weißt du, Frauen, ihr, ihr habt viel zu viel' Gefühle, ihr seid viel zu sentimental, ihr seid nicht vernünftig, nicht logisch, ihr weint die ganze Zeit, ihr regt euch auf, ihr werdet zornig, ihr seid ungeduldig. Wir Männer, wir bleiben ruhig. Wir sind zuverlässig.

Frau: Aber Frauen sind pünktlich, pünktlicher als Männer. Im Durchschnitt, wenn sie sich in der Stadt treffen oder so, kommt der Mann sieben Minuten zu spät an. Die Frauen achten auf Einzelheiten, zum Beispiel auf den Deckel der Zahnpastatube. Männer vergessen das immer, oder sie vergessen den Geburtstag ihrer Frau oder sogar ihren eigenen Hochzeitstag.

Mann: Nein, nein, nein, das sind, wir vergessen diese Dinge nicht, diese Dinge sind einfach nicht wichtig für uns. Ihr Frauen, ihr habt einfach keine Phantasie. Weißt du, mein letztes Weihnachtsgeschenk – Pantoffeln – so was Uninteressantes! Und hier, mit einer Frau ein gutes Gespräch führen... unmöglich! Ihr wollt immer nur über Babys sprechen, oder Babys haben.

Frau: Ja und Frauen hassen es, wenn Männer ihre Kleidung überall in der Wohnung liegen lassen. Sie sind es, die alles sauber machen und aufräumen und darauf achten, daß es im Haus genügend Kaffee und Toilettenpapier und Seife und so was gibt. Die Männer sitzen nur stundenlang da und lesen Zeitung, reden nicht, dann lassen sie die Zeitung auch noch auf'm Wohnzimmerboden liegen und die Frauen müssen aufräumen. Und Männer schnarchen, 80% aller Männer schnarchen.

Mann: Komm, komm, komm, komm, komm. Wir gehen zusammen aus; du brauchst 24 Stunden, um dich vorzubereiten. Was machst du, keine Ahnung, weil, weil, weil ich nicht ins Badezimmer 'rein kommen kann. Weißt du, wir fahren zusammen zu einer Party, du fährst, aber das Parken... Frauen und Parken... unmöglich.

Frau: Aber sauber sind wir. Ein Mann verbringt im Durchschnitt dreizehn Minuten im Badezimmer– dreizehn Minuten–; und auf dem Klo ließt er Zeitung oder ein Buch – scheußlich. Und das Allerschlimmste ist, sie glauben sie sind so sexy, daß alle Frauen dieser Welt in sie verliebt sind.

Situation 16. **Mein Job – 2**

Interviewerin: Entschuldigung. Darf ich Sie kurz unterbrechen? Was ist Ihr Name und was machen Sie hier?
Johannes: Ich heiße Johannes Jägerling, und . . . ich spiele hier 'n bißchen Musik.
Interviewerin: Sind Sie hier Student an der Universität?
Johannes: Ja, ich studiere hier. Ich studiere Musik und Philosophie.
Interviewerin: Okay. Und wie oft spielen Sie hier an der . . . auf der Straße?
Johannes: Ja, ach, so pro Woche vielleicht zehn bis zwölf Stunden.
Interviewerin: Und das mit dem Akkordeon?
Johannes: Ja, ich nehm' immer mein Akkordeon. Das macht mir wirklich am meisten Spaß. Und, ich spiel' Volkslieder, Stücke von Strauss, wie zum Beispiel „Blaue Donau", oder Mozart, „Kleine Nachtmusik", oder manchmal, selten, auch moderne Lieder aus der Hitparade – was die Leute eben so wollen.
Interviewerin: Und das ist aus Spaß? Oder bekommen Sie auch Geld dafür?
Johannes: Ha, nein, nein, ich mach' das nicht aus Spaß. Ich möchte dafür schon ein wenig Geld haben. Ich hab' hier vorne so'n Hut.
Interviewerin: Wieviel . . . wieviel kommt so in den Hut 'rein . . . pro Tag?
Johannes: Tja, das kommt immer so'n bißchen d'rauf an. Also, in 'ner guten Stunde sind das so vierzig bis fünfzig Mark vielleicht. Und schlechte Stunden, na, das können dann schon 'mal fünf bis zehn sein. Also schlecht ist zum Beispiel, wenn's kalt ist, oder irgendwie nicht viele Leute in der Gegend sind.
Interviewerin: Stehen Sie immer hier, an dieser Stelle?
Johannes: Na, nicht immer. Aber es ist schon ziemlich wichtig zu gucken, wo man steht. Also, wo zum Beispiel zu viel Verkehr ist, auf Straßen mit viel Verkehr, da ist nicht gut. Die hören einen dann nicht richtig, die Leute. Oder wenn man an den Engstellen sitzt, da kommen die Leute nicht richtig vorbei. Da, da rasen sie mehr vorbei.
Interviewerin: Und was ist der beste Platz?
Johannes: Ja, ach, zum Beispiel am Eingang von 'nem großen Kaufhaus, wie Hertie zum Beispiel. Wo man, ja, viel Platz hat. Und da ist es dann warm, und die Leute bleiben und gucken. Und dann geben sie auch Geld.
Interviewerin: Und die besten Zeiten? Ist das morgens oder abends?
Johannes: Ja, das ist schwer zu sagen. Also, wenn Markt ist, ist immer gut, das ist dienstags und freitags. Dann sind viele Leute in der Stadt. Ich meine, da hat man schon viel Konkurrenz. Also, andere wollen natürlich auch was haben.
Interviewerin: Hm . . . und es gibt noch mehr Straßenmusikanten? Hier in der Stadt?
Johannes: Ja, also, ich kenn' hier noch Johnny, der spielt . . . das ist auch'n Student, und der spielt Geige. Oder Susanne, glaub' ich heißt sie, die ist arbeitslos und, na ja, die spielt Gitarre und singt. Aber, wichtig ist, daß man hier als Erster da ist und . . . sonst muß man halt unten am Fluß stehen, zum Beispiel, und da sind nicht so viele Leute.
Interviewerin: Aber ist das genehmigt? Von den Behörden? Man muß doch sicher 'ne Genehmigung haben?
Johannes: Ja, die braucht man wohl. Aber, na ja, weißt du, also die Polizei, die hat auch wichtigere Sachen zu tun. Und, die Leute lieben es, und die haben es gern, und die geben auch natürlich auch Geld. Und so, na ja, keiner fragt.
Interviewerin: Na, das klingt gut. Gibt's denn auch Nachteile?
Johannes: Ja, also, wenn's kalt ist. Das, na ja, das ist nicht so schön. Aber ich stör' mich nicht d'ran. Also, andere Studenten zum Beispiel, die arbeiten an Caf . . . in Cafés oder in Hotels oder in Kneipen. Na, hier ist das besser. Nun? Wieviel Geld krieg' ich für das Interview?

Situation 17. **Fitneß? Ja, bitte**

Christian: Ich jogge circa zweimal pro Woche. Dreimal wär' eigentlich besser, aber dafür habe ich keine Zeit. Häufig tu' ich dies hier im Park, oder auf der Straße. Im Park ist aber besser, weil der weiche Boden besser für die Füße und für die Knöchel ist. Auch gibt es hier im Park einen Trimm-dich-Pfad. Der ist allerdings sehr schwer und eigentlich nur für richtige Sportler. Außerdem gehe ich einmal, circa einmal die Woche zur Sporthalle hier im Dorf und mache Übungen. Die sind gut für 'n Bauch. Früher hatte ich einen großen Bierbauch, aber jetzt ist er nicht mehr zu sehen, wie Sie sehen.
Tobias: Ich treibe sehr wenig Sport. Ich habe eigentlich schon die Absicht und die Lust, aber ich finde nie die Zeit. Ich habe ein Fahrrad gekauft, meist bleibt es allerdings in der Garage. Ab und zu gehe ich zu Fuß zur Arbeit, allerdings nur zwei- bis dreimal pro Monat und der Weg ist auch nicht allzu weit, nur drei Kilometer. Das ist nicht genug. Normalerweise fahre ich mit dem Auto, weil es schneller ist, und weil ich dadurch Zeit sparen kann. Außerdem habe ich Videos gekauft, um zu Hause Übungen machen zu können. Als ich angefangen hab', hat die ganze Familie gelacht, na ja vielleicht werde ich es im neuen Jahr nochmal versuchen.
Claudia: Ich bin zu Hause mit meinen zwei kleinen Kindern. Zwei kleine Kinder sind viel Arbeit. Dadurch bleibe ich wirklich fit. Ich gehe mit den Kindern spazieren, aber dann muß ich den Kinderwagen den Hügel hoch schieben, hier gibt es nämlich viele Hügel, wo wir wohnen. Und wenn man ein Baby trägt, dann wird man auch fit, man bekommt richtige Armmuskeln, bin ich dann auch eine Muskelfrau. Aber ich gehe von Zeit zu Zeit mit anderen jungen Müttern zum . . . auf den Trimm-dich-Pfad, das tut uns gut. Nur gehen wir danach ins Café und essen Kuchen, während die Kinder im Kindergarten sind. Das macht natürlich wieder alles weg, was wir vorher gemacht haben.

Sabine: Mein Hobby ist das Skilaufen. Hier in Bayern kann ich in den Wintermonaten prima Skilaufen. Aber auch im Sommer muß ich fit bleiben. Ich habe schon an vielen Wettbewerben teilgenommen und Medaillen gewonnen. Regelmäßig gehe ich laufen, dauerlaufen, das heißt dreimal in der Woche acht bis zehn Kilometer laufen. Aber ich habe auch besondere Übungen; Übungen für die Beine, die Arme, den Körper und so weiter. Jeden Tag trinke ich Milch, nehme Vitamintabletten zu mir, und dann weiß ich, daß ich mein Bestes tue. Später will ich mal Skilehrerin werden, daß heißt im Winter arbeiten und im Sommer reisen.

Situation 18. **Mein Vater ist Türke**

Interviewerin: Bist du hier in Deutschland geboren?
Elif: Meine Eltern sind aus der Türkei, aber ich bin hier geboren, in Berlin-Kreuzberg. Das ist ein Bezirk, wo viele Türken wohnen. Das ist die größte türkische Siedlung außerhalb der Türkei. Wir haben eine Wohnung hier in einem großen Wohnblock. Und, es wohnen meistens türkische Familien hier, viele Bekannte von uns, und auch Verwandte, aber nur sehr wenig' Deutsche. Mein Vater, zum Beispiel, ist arbeitslos. Manchmal arbeitet er als Bauarbeiter, aber das wird nicht sehr gut bezahlt, weil es nur einige Wochen sind, und dann hat er wieder ganz lange gar keine Arbeit. Meine Mutter ist zu Hause mit den Geschwistern. Wir sind fünf Kinder.
Interviewerin: Und, wie war es in der Schule für dich?
Elif: In der Schule waren wir viele Türken in der Klasse, über die Hälfte. Umh, die deutschen Kinder waren nicht unfreundlich, aber wir haben dann doch immer mit den Türken gespielt und nie mit den Deutschen. Die türkischen Familien sind oft die ärmeren Familien, weil viele Väter arbeitslos sind. Und man merkt das an den Kleidern und an den Pausenbroten. Ich war auf der Hauptschule. Die meisten Türken gehen nicht aufs Gymnasium. Und dort haben wir gelernt über Rassismus. Die, die Lehrer haben, die haben sehr versucht, uns gegen den Rassismus zu erziehen, und sie haben behauptet, es gibt keinen Rassismus hier. Aber es gab ihn doch in der Klasse. Zuerst nur kleine Dinge. Ich durfte zum Beispiel nicht mit bei der . . . bei der Gruppenarbeit mitmachen. Und dann gab's einen Chorwettbewerb, und ich durfte nicht mitsingen, obwohl ich sehr gut singe.

Und dann, dann hat mein Vater eine neue Stelle bekommen. Birgit, das ist ein Mädchen aus meiner Klasse, und ihr Vater hat sich um dieselbe Stelle beworben, aber keinen Erfolg gehabt. Und sie haßte mich von da an. Und, ich hab' Zettel bekommen und dann einen Brief, auf dem stand: „Geh' nach Hause!". Das war schon nicht gut, und dann eines Tages hat sie mich sogar auf dem Heimweg von der Schule mit ihren Freunden und Freundinnen überfallen. Und ich hatte ein blaues Auge. Ich habe Mutti und Vati nicht die Wahrheit gesagt. Ich hab' gesagt, ich bin . . . gefallen. Aber dann haben sie auch Briefe bekommen. Und auch andere Bekannte im Wohnblock haben Probleme gehabt. Zum Beispiel ein Freund von mir liefert Pizzas aus, und die deutschen Kunden sind oft sehr unhöflich zu ihm.
Interviewerin: Nochmal zu den Briefen. Von wem waren die denn?
Elif: Das wissen wir nicht. Von Birgits Eltern vielleicht? Alles hat mit dieser neuen Stelle meines Vaters begonnen. Meine Eltern sind nicht wirklich glücklich hier. Sie wollen zurück in die Türkei. Aber ich, ich bin schließlich hier geboren, ich bin Deutsche. Man muß lernen, in Harmonie zu leben.

Situation 19. **Abenteuer in China**

Tobias: Und Claudia, warst du diesen Sommer wieder im Urlaub mit deiner Freundin?
Claudia: Ja, dieses Mal waren wir für vier Wochen in Asien. Wir haben nur den Flug gebucht und waren zuerst vierzehn Tage in China und dann eine Woche in Hong Kong und eine Woche in Tibet. Wir hatten ursprünglich nur einen Flug nach Peking gebucht und sind dann eben wie üblich mit dem Taxi zur Stadtmitte gefahren, haben uns dort ein Hotel gesucht und haben auch wirklich ein bequemes Hotel gefunden. Es hieß Yuan und hat nur dreißig Mark pro Nacht gekostet. Es gab eigentlich wenig' Touristen dort, wir haben zwar ein paar Amerikaner und ein paar Briten getroffen, aber sonst nicht sehr viele. Es war ein modernes Hotel, es gab Geschäfte und einen Friseur und ein Restaurant, aber in dem Restaurant gab es nur chinesisches oder cantonesisches Essen. Leider konnte keiner Deutsch, und Englisch konnten sie auch nicht, aber wir haben mit Wörterbuch gearbeitet und sonst eben mit Händen und Füßen geredet.
Tobias: Und wie war das Essen?
Claudia: Alles Chinesisch mit Eßstäbchen und Reis. Wir haben viel Fisch gegessen aber ich weiß wirklich nicht was für Sorten, Hähnchen und lauter unbekannte Gemüse. Es gab viel' Nudeln und dicke Suppen, in denen alles d'rin war. Nachtisch gab es leider nie. Und sie haben uns immer nur Tee zum Trinken gegeben. Ich trinke eigentlich gerne Tee, aber nach vierzehn Tagen wird es doch etwas langweilig. Und ich ärgere mich auch immer sehr, wenn ich nicht weiß, was ich esse. Das Frühstück war einfach scheußlich, Reis mit Fischstückchen, Haferbrei süßsauer, Brot oder Kuchen und Rührei, einfach furchtbar. Mittags haben wir uns meistens was auf der Straße gekauft und abends haben wir dann im Hotel gegessen.
Tobias: Ähm, und welche Sehenswürdigkeiten habt ihr besucht?
Claudia: In Peking haben wir uns am Platz des himmlischen Friedens[1] umgeschaut. Das ist ein riesiger Platz mit 40 Hektar, einer der größten Plätze der Welt. Man kann dort eine halbe Million Leute für Versammlungen unterbringen. Dort wurde die Volksrepublik China am 1. Oktober '49 gegründet. Um diesen Platz 'rum gibt es sehr viele wichtige Gebäude. Eigentlich wollten wir uns

auch das Mausoleum von Mao Tse Tung anschauen, wo sein Leichnam ist, aber es war so 'ne lange Schlange, daß wir's dann doch nicht angeschaut haben.

Tobias: Und welche anderen Gebäude stehen um diesen Platz herum?

Claudia: Wir haben noch das Palastmuseum angeschaut. Das ist ein Gebäude aus dem fünfzehnten Jahrhundert. Die Ming und Xing Dynastien haben dort gewohnt. Das war der Palast der Kaiser. Stell' dir vor, da gab's 9.000 Zimmer. Und wir haben noch den Tempel angeschaut, in dem die Kaiserfamilie gebetet hat. Der ist riesengroß mit vielen Bildern, sogar an der Decke. Wenn die Kaiserfamilie zum Tempel ging, mußten die anderen Leute in den Häusern bleiben, weil sie den Kaiser nicht sehen durften. Er war zu wichtig. Und danach waren wir noch am Sonnenpalast. Das werde ich nie vergessen. Wir sind da in ein wahnsinniges Gewitter 'reingekommen mit Blitzen und Donnern, und der Mann neben mir ist von einem Blitz erschlagen worden und gestorben. Ich hatte noch nie so Angst.

Tobias: Das hört sich ja schrecklich an.

Claudia: War auch schrecklich.

Tobias: Wahnsinn. Und wo wart ihr dann noch?

Claudia: Wir sind dann mit dem Flugzeug nach Xian weiter geflogen und haben uns die Terrakotta Soldaten angeschaut. Die Soldaten sind erst '74 wieder entdeckt worden, aber stammen aus dem dritten Jahrhundert vor Christus und sie stehen in Tausenden mit Pferden und Wagen vor dem Grab des Kaisers. Und dann waren wir natürlich noch an der Großen Mauer, aber die war eigentlich nicht so interessant. Die war bloß groß und steil mit großen Stufen und es war wirklich mühsam d'rauf zu laufen.

Tobias: Und habt ihr euch denn irgendwelche Souvenirs mitgebracht?

Claudia: Oh, recht viele. Ich habe einen Sonnenhut aus Stroh gekauft und einen Stempel mit meinem Namen in chinesischen Buchstaben; dann habe ich mir noch einen Jadehasen gekauft. Ich bin nämlich im Jahre des Hasen geboren. Dann haben wir noch einige Bilder gekauft. Ich habe mir eine Seidenjacke gekauft, und dann haben wir uns noch Tigerbalsam zugelegt, das soll gegen Kopfschmerzen helfen.

Tobias: Und wie sind die Menschen in China?

Claudia: Freundlich, höflich, hilfsbereit. Aber viele hatten noch nie Europäer gesehen und haben uns lange angestarrt.

[1] Tiananmen Square

Situation 20. Wie sieht man die Briten?

Stephan: Also, was mir am meisten gefallen hat, ist die wirklich gute Disziplin auf der Straße. Die Autofahrer sind sehr geduldig, sie warten an den Zebrastreifen und sie hupen auch nicht, selbst wenn man nicht Recht hatte. Im Gegenteil, sie winken eher mit der Hand, so nach dem Motto: du gehst vor mir. Ich find' das wirklich gut. Und auch an Bushaltestellen, da gibt's dies berühmte „Queuing", dieses Schlangestehen. Das ist hier in Deutschland schon sehr anders. Warum weiß ich nicht. Die alte Generation, die sind wirklich am schlimmsten, die wollen die ersten sein, um in den Bus 'rein zu kommen, um die ganzen Plätze zu besetzen. Ja, na ja, in England ist das eine Selbstverständlichkeit, da gehen die älteren einfach voran.

Martina: Die Briten sind unfreundlich. Wir waren in London und in den Gaststätten und Kneipen wurde nicht mit uns gesprochen. Ständig läuft in den Gaststätten der Fernseher. Das hätte ich nie erwartet. Oder so laute Musik, daß kein Gespräch möglich ist. Viele Briten sind gegen die Monarchie. Das war wirklich eine Überraschung für mich. Ich hatte erwartet, daß alle für die Traditionen sind. Hier ist doch so viel in den Zeitungen über die „Royals". Viele junge Menschen sagen, sie sind nicht dafür. Sogar mehr als 50% sagen das. Wenn es innerhalb von zwei Jahren keine Monarchie mehr gäbe, das fände ich traurig. Ich finde Tradition gut. In London zum Beispiel den Buckingham Palace oder den Tower, das ist gut für Touristen.

Sabine: Ich war im Norden Englands in York. Dort waren die Leute sehr freundlich in den Geschäften, viel freundlicher als ich erwartet hätte. Und in den Pubs ist es zu Gesprächen gekommen. Auch auf der Straße sind die Leute sehr hilfsbereit. Einmal, da habe ich falsch geparkt und einer der Polizisten ist auf mich zugekommen, hat mir ganz freundlich erklärt, daß ich die Schilder falsch verstanden hatte. Er war sehr höflich und ich habe keine Strafe zahlen müssen. Was mir noch aufgefallen ist, ist daß man an Kreuzungen und bei Rot, wenn kein Auto kommt, einfach so über die Straße gehen kann. Bei uns würde es das nie geben. Man müßte Bußgeld zahlen, an Ort und Stelle. Was mir noch an Großbritannien gefällt, ist, daß es so wenig Hektik und Streß gibt.

Christian: Was mich an den Engländern stört ist, daß sie dauernd so viel vom zweiten Weltkrieg reden. Im Fernsehen sieht man dauernd viele alte Filme in immer das gleiche Muster England gegen Deutschland. Die Deutschen sind immer die Dummen und Unintelligenten und die Autoritären. Die Engländer sind immer die tapferen, guten Soldaten und sie haben halt immer Recht und natürlich am Ende sind sie die Sieger. Ich finde, das sollten wir alles vergessen. Das ist doch Geschichte, Vergangenheit. Ich war mal in Derbyshire in Mittelengland und hab' in einem Geschäft Postkarten gekauft und da habe ich Postkarten mit Bildern vom zweiten Weltkrieg gesehen. Fotos von Bomben, von Piloten, Flugzeugen, dabei

TRANSCRIPTS

wollte ich doch Ansichtskarten von der Landschaft kaufen. Die Briten scheinen ganz schön stolz auf ihre Geschichte zu sein. Dagegen gefällt mir gut, daß sie nicht so früh am Morgen aufstehen. Hier in Deutschland beginnt die Schule um acht und das Büro um acht oder acht Uhr dreißig. Da ist es ganz normal, das Haus um sieben Uhr zu verlassen. In England sind die meistens um sieben immer noch im Bett. Das fände ich wunderbar.

Tobias: Meiner Meinung nach wird viel zu viel ferngeschaut in England. Viele Sendungen aus Amerika und Australien, und darunter sind viele Seifenopern. Außerdem habe ich von einer Schule gehört in Mittelengland, wo die Zeiten des Lunchbreaks verändert worden sind, weil die Schüler geklagt haben, daß sie ihre Lieblingssendung, eine Seifenoper aus Australien, nicht sehen konnten. Kaum zu glauben. Hier in Deutschland denkt man viel über die Politik nach, und außerdem haben wir politische Weltkunde in unseren Schulen. Man diskutiert und ist halt sehr ernst über Politik. In Großbritannien schimpfen die Menschen über ihre Politiker und machen Witze. Deutschland ist halt mitten in Europa und wir hatten früher die Kommunisten an unserer Grenze, und deshalb war Politik immer sehr wichtig für uns.

Situation 21. **Wenn ich die Schule verlasse . . .**

Martina: Weißt du schon, was du nach der Schule machen willst?

Stephan: Mnn, das weiß ich ganz genau. Ich finde es nämlich sehr wichtig, Pläne zu machen. Also, nach dem Abitur gehe ich erst mal ein Jahr auf die höhere Handelsschule. Danach gehe ich auf die Uni, studiere BWL, Betriebswirtschaftslehre, und Jura. Ja, und dann gehe ich . . . will ich wahrscheinlich in die Bank gehen, die Bundesbank hoffentlich. Hmm, währenddessen versuche ich dann noch ein Jahr ins Ausland zu kommen, nach England, oder in die USA.

Weißt du, das ist der Weg zum Erfolg. Ich will viel Geld verdienen. Erfolg ist sehr wichtig. Ich könnte es nicht leiden, durchzufallen. Ich brauche einen wirklich hohen Lebensstandard. Das bedeutet für mich Selbstachtung. Und, weißt du, ohne Erfolg – da hat mein Leben keinen Sinn. Das hat mein Vater immer gesagt.

Martina: Mann! Das ist 'n bißchen traurig. Alles nur für dich selbst! Denkst du denn nicht an andere Leute? Willst du nicht helfen? Ich meine, ich will ja auch auf die Uni. Aber welches Fach weiß ich noch nicht. Und überhaupt ist das Fach nicht so wichtig, und ich hab' ja auch noch Zeit, mich zu entscheiden. Vielleicht mach' ich Politik. Vielleicht Wirtschaftswissenschaften. Oder . . . oder gar Medizin.

Danach, ein oder zwei Jahre oder vielleicht sogar mehr als Freiwilliger irgendwo arbeiten. Ich will nicht immer nur für Geld arbeiten, das ist nicht das Wichtigste. Ein Freund von mir, zum Beispiel, der arbeitet in Afrika und hilft in Uganda beim Aufbau einer Schule. Er bekommt wenig Geld und hat furchtbar lange Arbeitsstunden. Aber es lohnt sich. Er sagt, er hat 'ne Menge über sich selbst gelernt, er hat sich kennengelernt, und viel vom Leben erfahren.

Oder, vielleicht mit Aids-Kranken arbeiten in Afrika oder Europa. Oder mit Obdachlosen in deutschen oder anderen europäischen Städten. Es gibt so viele Möglichkeiten! Mit Drogensüchtigen. Oder Wasserprojekte in Indien. Geld verdienen – das kommt dann später.

Stephan: Ach, laß die in der dritten Welt sich doch um sich selber kümmern! Ich meine, wenn ich mir das so überlege: Warum gehst du überhaupt zur Uni? Warum machst du eigentlich Abi? Ich meine, geh' doch jetzt.

Martina: Natürlich sind Qualifikationen wichtig. In der dritten Welt brauchen sie Fachleute und Experten. Sie brauchen Ingenieure, Architekten, Lehrer und Ärzte. Die Ausbildung, die Schulung ist sehr wichtig, ist wichtiger noch als Geld. Und, es ist wichtiger . . . als für Geld zu arbeiten. Heiraten, Kinder und Familie – das will ich jetzt noch nicht.

Stephan: Ach, also, heiraten, das will ich schon. Das ist mir als Ziel sehr wichtig. Und, mit dreißig, da will ich Filialleiter sein. Und wenn ich das nicht geworden bin, dann hatte ich keinen Erfolg.

Martina: Aber die Freude am Leben ist doch auch wichtig. Andere Menschen sind wichtig. Musik und Theater und sich Zeit nehmen. Heiraten, Kinder und Familienleben – gut, aber zuviel Streß ist auch nicht gesund.

Sicher, der Mensch ist nicht dazu bestimmt, alleine zu leben. Wir brauchen einander, wir brauchen Gemeinschaftsleben und eine Gesellschaft. Heutzutage gibt es viel zu viele Aggressionen, jeder ist für sich selbst und es gibt Konflikte und zu viel Streß. Alle müssen ruhiger werden. Das ist nötig für eine bessere Welt. Ich glaube, das ist mein Ziel im Leben: eine bessere Welt.

Situation 22. **Knabberst du?**

Sabine: Jeden Morgen stehe ich um sechs auf. Ich esse nichts, denn ich muß mich auf die Schule vorbereiten, Make-up und Kleider anziehen, und so weiter. Da habe ich keine Zeit zum Essen und Lust zum Frühstück essen habe ich auch nicht. Eine Tasse Kaffee am Morgen, das ist alles. Deswegen habe ich gegen neun Uhr meistens Hunger. Und wenn wir eine Pause haben, dann gehe ich in die Kantine und kaufe mir belegte Brötchen – Salami, Leberwurst oder Käse. Na ja, ich weiß schon, das ist nicht gesund, aber es geht. Normalerweise rauche ich auch Zigaretten, dann bin ich nicht mehr so hungrig.

Christian: Wir haben in der Schule zwei Pausen. In der großen Pause, um 9.45 Uhr nach der zweiten Stunde, habe ich eigentlich immer Hunger. Dann gehe ich meistens zum Automaten und kaufe mir Schokolade, 'n Mars oder 'n Snickers und Kekse, manchmal auch 'ne Fanta oder 'ne Cola. Einige kaufen Milch. Ist zwar gesünder, aber

TRANSCRIPTS

ich tu' das nicht. Zweimal in der Woche, dienstags und donnerstags, haben wir 'ne Freistunde, das heißt kein Unterricht. Dann gehe ich mit Freunden immer in die Stadt zum Karstadt, zu 'nem großen Kaufhaus. Und dort kauf ich mir dann Frühstück, was dann meistens so Brötchen, Marmelade und Honig ist, oder 'n gekochtes Ei und Kaffee. Das ist eigentlich recht preiswert. Oder im Sommer gehen wir 'runter zum Fluß, und da kauf ich mir 'ne Bockwurst und dann quatschen wir immer.

Claudia: Für mich ist es wirklich wichtig, richtig zu essen. Ich treibe viel Sport und brauche viel Energie. Deshalb eß' ich viel Fleisch, manchmal eß' ich auch Schokolade und Obst. Ich hab' immer ein gutes Frühstück. Um sieben Uhr morgens esse ich Müsli, Flakes . . . manchmal esse ich auch Yoghurt. Am Wochenende esse ich Brötchen, Schinken und Käse und natürlich immer Kaffee. Kartoffelchips und Kekse mag ich nicht. Die sind nicht gesund. Wenn ich Hunger habe, dann esse ich einen Apfel zwischenrein oder ein Stück Käse und manchmal auch eine Karotte. Ich gehe nur sehr selten zur Wurstbude und eß' Bockwurst oder Schaschlik. Abends essen wir immer warm. Es gibt Suppe, Fleisch, Gemüse und einen Nachtisch. Deshalb brauch' ich eigentlich zwischendrin nur sehr wenig.

Situation 23. **Goldmedaille für Schwimmen**

Interviewerin: Alex, du hast schon Bronzemedaillen, Silbermedaillen und sogar auch eine Goldmedaille gewonnen, in den Europameisterschaften und in den Weltmeisterschaften. Wie hat das alles begonnen mit dir und dem Schwimmen?

Alex: Ja, das hat alles begonnen als ich zwei Jahre alt war. Damals haben meine Eltern in Amerika gewohnt und wir haben einen Swimmingpool mit fünf Familien geteilt. Wir Kinder durften ihn allerdings nur benutzen in Begleitung unserer Eltern oder, wenn wir schon schwimmen konnten. Deshalb mußte ich das Schwimmen halt sehr schnell lernen. Dann bin ich Mitglied eines Schwimmklubs geworden und der Lehrer hat gesagt, daß ich Talent hätte. Als ich dann hier nach Deutschland gezogen bin, war halt Schwimmen sehr beliebt in Deutschland, mehr als Tennis und etwa soviel wie Fußball. Schwimmer waren ebenso bekannt wie Fernsehstars.

Interviewerin: Wie sieht dein Trainingstag aus? Trainierst du jeden Tag? Trainierst du viel?

Alex: Ja, ich muß schon jeden Tag trainieren. Also morgens drei- bis viermal pro Woche stehe ich um fünf Uhr auf, trainiere dann zwei Stunden, manchmal komme ich dann etwas spät in die Schule, aber das ist mir erlaubt. Und abends trainiere ich auch drei- bis viermal pro Woche zwei bis drei Stunden.

Interviewerin: Trainierst du nur im Schwimmbad?

Alex: Ja, also im Schwimmbad und auch in der Turnhalle, um eben Gewichte zu heben. Und wenn ich schwimme, dann schwimme ich halt fast jedes mal 3.000 Meter, dafür brauche ich circa 40 Minuten und das schwimme ich mit einem Puls von 160 bis 170, was eben sehr gut für meine Kondition ist. Außerdem trainiere ich auch Kurzstrecken, das heißt ich schwimme hundert Meter, dann zwanzig Sekunden Ruhe, wieder hundert Meter und so weiter, circa 50 mal.

Interviewerin: Und wie ist es mit dem Essen, hältst du eine besondere Diät?

Alex: Na ja, es geht nicht . . . nicht so besonders. Ich muß halt sehr viele Kohlehydrate essen für die Energie, halt Kartoffeln, Nudeln oder auch Kuchen und bei den Meisterschaften gehen wir normalerweise mit der ganzen Mannschaft zu einem Pizzarestaurant.

Interviewerin: Und wie ist es mit Vitamintabletten oder so was?

Alex: Ja, ich nehme schon Vitamintabletten, aber das ist ja heutzutage normal.

Interviewerin: Du scheinst wenig Freizeit zu haben, hast du Freunde?

Alex: Ja, ich hab' schon die Schulfreunde, wie jeder andere auch, aber ich hab' halt nicht allzu viel Zeit für sie. Dieses Jahr will ich Abitur machen, das heißt ich muß auch sehr viel' Hausaufgaben machen und habe auf der anderen Seite auch mein Training. Ich gehe viel mit Freunden aus, zu Diskotheken zum Beispiel, aber die meisten meiner Freunde sind halt aus Schwimmklubs und eben auch aus verschiedenen Ländern. Zum Beispiel habe ich einen englischen Brieffreund, dem ich halt Briefe auf Englisch schreibe, und den ich dann drei- bis viermal pro Jahr bei Wettbewerben sehe. Außerdem habe ich Freunde in Amerika und Italien, gegen die ich dann manchmal schwimmen muß.

Interviewerin: Hast du einen Rat für andere?

Alex: Ja, man sollte halt nur das machen, was einem wirklich gefällt und sich nicht dazu zwingen lassen. Denn um wirklich gut zu werden, muß man den Sport wirklich mögen.

Interviewerin: Du bist ziemlich ehrgeizig, nicht wahr? Ähm, hast du Ziele? Was ist dein großes Ziel?

Alex: Ja, natürlich die Olympischen Spiele und natürlich will ich auch die Goldmedaille gewinnen.

Situation 24. **Mein Auto – mein Freund**

Stephan: Also, ich hab' vor sechs Jahren die Uni verlassen, hab' dann eine Stelle in einem Finanzbüro angenommen – Versicherungen, Investitionen und so Sachen. Und, ich bin eigentlich ziemlich erfolgreich und hab' mir also neulich jetzt 'nen Porsche gekauft. So quasi als Symbol meines Erfolges. Ich bin nicht verheiratet, ich hab' keine, ah, Kinder, ich bin unabhängig. Und, mein Porsche, das ist zwar Luxus für mich, aber ich habe ihn mir wirklich verdient. Ich meine, die Farbe – nein, rot kommt für mich nicht in Frage; das ist zu laut, zu aggressiv. Ich hab' grau gewählt, mit grauer Polsterung aus Leder, mit Telefon und Minibar. Okay, ich bin vielleicht ein Materialist, aber ich hab' schwer gearbeitet und alle sollen sehen, daß ich erfolgreich bin.

Christian: Ich reise viel, nicht nur in Deutschland sondern auch in Europa. Letztes Jahr zum Beispiel bin ich über

TRANSCRIPTS

105.000 Kilometer gefahren. Von meiner Firma, bei der ich arbeite, krieg' ich alle zwei Jahre 'n neues Auto. Diesmal hab ich 'n BMW gewählt, der ist in Deutschland gebaut und deswegen ist der zuverlässig, solide, bequem und liegt gut auf der Autobahn. Und hier und in Frankreich und Italien ist es einfach der Beste. Er hat natürlich 'nen Katalysator, fährt bleifrei, das heißt, er ist gut für die Umwelt. Darauf lege ich schon großen Wert. Außerdem habe ich 'n Telefon und 'n Fax an Bord. Und, der BMW läßt sich leicht fahren. Nach 500 Kilometern bin ich immer noch nicht müde. Das finde ich sehr nützlich, wenn man ein wichtiges Treffen hat. Die Farbe? Es ist 'ne grüne Farbe, 'ne graue . . . auf jeden Fall 'ne dunkle. Ich glaub 'ne dunkle Farbe.

Sabine: Mich ärgern diese Leute, die ein Auto als Statussymbol kaufen. So was wie Porsche, Mercedes oder BMW. Ich habe einen alten Mini, der heißt Max, ist schon siebzehn Jahre alt und ein wirklich treuer Freund. Max ist gelb und lila mit orangenen Blumen. Die hab' ich selbst angemalt. Außerdem ist auch eine Maus und ein Elefant auf dem Auto. Bleifrei ist Max leider nicht, denn als Max gebaut wurde, da gab es noch keinen Katalysator. Das bedaure ich, denn eigentlich bin ich ziemlich umweltfreundlich. Viele Studenten haben genau wie ich einen alten Wagen. Das sind meistens Käfer oder Enten. Irgendwie ist so 'n altes Auto ein Symbol, ein Zeichen dafür, daß wir nichts mit dem Materialismus zu tun haben wollen. Und Reparaturen, die mache ich selber, ansonsten wäre es zu teuer.

Claudia: Ein Auto ist mir wirklich nicht wichtig. Es ist nötig, aber das ist auch alles. Mir gehen die Leute auf die Nerven, die ihren Autos Namen geben. Die behaupten, ihr Auto hätte eine Persönlichkeit und es wie einen Menschen behandeln. Ich habe einen Opel. Er ist schon vier Jahre alt, ist nicht . . . nichts besonderes. Ich benutze ihn, um damit zur Arbeit zu fahren. Aber bei gutem Wetter fahre ich eigentlich lieber mit 'm Fahrrad. Leider brauch' ich das Auto, wenn ich einkaufen gehen will, weil ohne Auto kann man unmöglich in einem Supermarkt einkaufen. Ich würde ja mit öffentlichen Verkehrsmitteln zu Einkaufszentren fahren, aber die sind oft außerhalb der Stadt. Wie man dorthin kommen soll ohne ein eigenes Auto, weiß ich leider nicht!

Situation 25. **Haushalt**

Stephan: Also, mein Bett muß ich selber machen. Ich muß auch immer saubermachen. Ich hasse das. Mein Zimmer, sagt meine Mutter immer, ist mein Problem und obendrein behauptet sie noch, es wäre sowieso alles in Unordnung. Aber ich mag mein Zimmer wie es ist. Ich gehe mit dem Hund spazieren. Na zugegeben das ist nicht gerade Haushalt, aber einer muß es machen und kein anderer will's machen. Spülen, spülen tu' ich nie, wir haben 'ne Spülmaschine und Bügeln ist traditionelle Frauenarbeit. Meine Schwester oder meine Mutter machen es viel besser als ich. Früher habe ich für Geld im Haushalt gearbeitet, jetzt bin ich aber nicht mehr Schüler und muß meiner Mutter jeden Tag . . . jeden Monat Geld geben. Ich gehe einkaufen nur, wenn ich mit dem Auto fahren darf, zum Beispiel. Mein Vater wohnt nicht bei uns, die schwere Arbeit mache ich, also Fenster putzen oder elektrische Sachen und so weiter. Ansonsten machen meine Schwester und meine Mutter alles.

Christian: Ich habe schon immer zu Hause geholfen. Jetzt wo ich Student bin, wohne ich in einer eigenen Wohnung. Und Kochen und Staubsaugen, saubermachen und Bügeln habe ich alles zu Hause gelernt. Ich finde das für einen Jungen sehr wichtig, so was zu lernen, sonst kommt er nie zurecht, wenn, wenn er das Hotel Mama verläßt. Solche Jungs tun mir eigentlich leid, davon kann man auch viele bei uns auf der Uni sehen. Sie teilen zwar 'ne Wohnung, haben aber von Haushalt, von Kochen, vom Saubermachen, von Wäsche waschen, und Einkaufen überhaupt gar keine Ahnung. Sie können's einfach nicht, weil sie es nie gelernt haben.

Martina: Meine Mutti ist körperbehindert und sitzt im Rollstuhl. Als Kinder haben ich und meine zwei älteren Brüder und mein Vater immer viel tun müssen, Wäsche waschen, Betten machen, Kochen, Spülen, Einkaufen und Bügeln. Das war immer ganz normal für uns. Geld, Geld dafür kam nicht in Frage. Es war auch nie was übrig. Wir haben immer alle zusammen gearbeitet und das war das beste daran. Das einzige, was wir nie zusammen gemacht haben, ist die Gartenarbeit, denn das war Vaters Job, ziemlich sexistisch aber so war es. *Er* hat's gern gemacht, es war Entspannung für ihn. Er war stolz auf sein Gemüse und seine Pflanzen, und wir durften nie helfen.

Tobias: Ich habe meine Mutter, meine Oma und meine Schwester zu Hause. Die machen all, die Hausarbeit. Die kochen, waschen, machen Betten und machen sauber. Ich kann und ich will nicht kochen, das ist Frauenarbeit. Einkaufen, nein, das mache ich nicht. Aber ich fahre meine Mutter manchmal mit dem Auto zum Supermarkt. Ab und zu wasche ich das Auto, das heißt ich fahre zum Waschautomat. Autoreparaturen, das ist mein Job, auch andere Sachen, wie zum Beispiel Elektrisches, Wasserleitungen und so weiter, das mach' ich gern. Die Frauen können das sowieso nicht, die haben davon keine Ahnung. Alles außerhalb des Hauses ist mein Job: Gartenarbeit, Fenster reparieren, Streichen, das mache alles ich.

Situation 26. **Das Interview – 1**

Interviewerin: Guten Tag. Wie ist Ihr Name?
Christian: Ich heiße Christian Markus.
Interviewerin: Sie haben sich um diese Stelle als Kellner beworben. Darf ich Sie fragen warum?
Christian: Ja, ich habe Ihre Anzeige in der Zeitung gelesen. Daß Sie einen Kellner suchen von Juni bis September. Ich gehe jetzt auf die Universität, seitdem ich die Schule verlassen hab', und ich brauche halt Geld.
Interviewerin: Warum haben Sie sich bei uns beworben?
Christian: Ich habe von Ihrem sehr guten Ruf gehört. Und

TRANSCRIPTS

	außerdem hat ein Freund hier letztes Jahr gearbeitet und er ... der war sehr zufrieden.
Interviewerin:	Wer war das?
Christian:	Bollinger, Peter. Er hat bei Ihnen in der Küche gearbeitet.
Interviewerin:	Ja, ich erinnere mich an ihn. Er war sehr gut. Ein freundlicher und höflicher Mensch. Wirklich ein guter Mitarbeiter. Er hat viel gemacht. Was denken Sie denn ist wichtig für einen Kellner?
Christian:	Ich denke, vor allem muß er sehr gut organisiert sein. Die Kunden sollen nicht warten müssen und ... Aber er darf auch nicht zu schnell sein. Er darf nicht eilen. Sie müssen sich ... er muß sich Zeit nehmen und die Kunden wollen das Essen genießen, sie wollen plaudern. Und er muß aber auch bereit sein, Fragen zu beantworten und er muß alles auf der Karte kennen.
Interviewerin:	Genau. Wir haben hier viele Touristen: Franzosen, Engländer, Holländer, Belgier. Und sie stellen oft Fragen über die Gegend, über die Sehenswürdigkeiten hier. Kommen Sie mit der Sprache zurecht? Können Sie diese Fragen beantworten?
Christian:	Das ist überhaupt gar kein Problem für mich. Ich wohn' hier schon seit neunzehn Jahren, wie Sie wissen müssen. Ich kenne die Gegend wie meine Westentasche. Ich kann Ihnen jede Frage beantworten. Außerdem mache ich das sehr gerne.
Interviewerin:	Wunderbar. Können Sie mit Geld umgehen?
Christian:	Auch das ist kein Problem. Ich hatte eigentlich immer gute Noten in Mathe. Als Kellner muß man halt rechnen können. Das erwarten die Kunden schon. Das ist schon wichtig. Man darf keine Fehler machen. Sonst kommt das Restaurant in einen schlechten Ruf. Ich war mal in einem Schachclub Kassenwart, und da hab' ich 'ne große Verantwortung übernommen.
Interviewerin:	Was ist sonst noch wichtig?
Christian:	Ähm, Pünktlichkeit. Ein Kellner muß pünktlich ankommen.
Interviewerin:	Das stimmt. Und?
Christian:	Ähm, auch muß er sauber sein. Er muß saubere Hände, Fingernägel haben. Gewaschene Haare.
Interviewerin:	Ja, ja, das ist richtig. Können Sie mit anderen Leuten zusammenarbeiten?
Christian:	Das denke ich schon. Das hoffe ich schon, ja. Ich bin Musiker, ich spiele Geige in einem Orchester. Das schon seit fünf Jahren. Wir arbeiten regelmäßig zusammen, als Mannschaft halt. Auch ein Restaurant ist eine Teamarbeit, sozusagen. Ein ... der Koch, die Köchin, der Kellner, der Manager: alle müssen gut zusammenarbeiten. Und, das ist halt sehr wichtig.
Interviewerin:	Genau. Haben Sie noch irgendwelche Fragen?
Christian:	Ja, wie ist das mit der Uniform? Kauft man die selber?
Interviewerin:	Nein.
Christian:	Und wie ist das mit dem Waschen und dem Reinigen?
Interviewerin:	Ja, Sie müssen die Uniform selber waschen. Normalerweise wird die Uniform zwei Tage getragen und dann wird sie gewaschen. Ist das ein Problem für Sie?
Christian:	Nein. Kein Problem. Überhaupt nicht. Ich bin schon dafür, daß ein Kellner so schick wie möglich aussieht.
Interviewerin:	Danke. Vielen Dank, daß Sie gekommen sind. Ich werde Ihnen bald Bescheid geben.

Situation 27. Das Interview – 2

Interviewerin:	Guten Tag. Danke, daß Sie gekommen sind. Wie ist Ihr Name?
Tobias:	Tobias Schneider. Aber Sie haben doch meine weiteren Unterlagen?
Interviewerin:	Ähm, ja. Also, Sie haben sich um eine Stelle in den Sommerferien beworben. Warum haben Sie sich bei uns beworben?
Tobias:	Ja, ich bin also 'n Student an der Universität Bonn. Und hab' halt den Sommer frei ... und ich hatte eigentlich vor, mit meiner Freundin in den Urlaub zu fahren, aber, ja, wir hatten Krach, und jetzt ist sie allein gegangen. Ich hab' versucht, 'nen Job zu finden, hatte keinen Erfolg. Und dann wollte ich als Bademeister arbeiten, im Freibad. Sie wissen... mit Sonne, Wasser, schönen Mädchen und so. Aber das hat nicht geklappt. Hier? Na ja, ist besser als nichts. Ich brauch' halt Geld.
Interviewerin:	Genau. Was ist wichtig für einen Kellner?
Tobias:	Ähm, ah, was ist wichtig? Na ja, nichts besonderes. Es ist halt ganz einfach. Ich kenne viele Leute, die das in den Sommerferien gemacht haben. Das war'n auch ganz blöde Leute. Man schreibt halt die Bestellungen auf, bringt sie zur Küche, bringt das Essen.
Interviewerin:	Was erwarten sich die Kunden von einem Kellner?
Tobias:	Tja ... man gibt ihnen die Speisekarte, bringt das Essen. Ja, wenn sie was bestellen, erwarten sie, daß sie das richtige Gericht bekommen. Mich ärgert es, wenn ich in einem Restaurant bin, und der dumme Kellner das falsche Gericht bringt. Wenn er vergißt, was ich bestellt hab'. Ich bestell' 'n Omelett – er bringt 'nen Fisch. Oder, ich bestelle Bratkartoffeln – er bringt Salzkartoffeln. Das ist auch mir ... schon in diesem Restaurant passiert, letztes Jahr.
Interviewerin:	Ja, ja, natürlich ist das wichtig. Aber Ihr Aussehen? Was tun Sie denn für Ihr Aussehen?
Tobias:	Na ja, die Kunden merken nichts. Die interessieren sich sowieso nur fürs Essen. Die lesen die Karte, die quatschen, die plaudern, die merken nicht, wie der Kellner gekleidet ist oder wie er aussieht.
Interviewerin:	Wir haben viele Touristen hier. Können Sie Fragen über die Region beantworten?
Tobias:	O Gott, Touristen! Touristen – die gehen mir vielleicht auf die Nerven! Die fragen immer so blöd. Auf der Straße labern die mich an, wollen was wissen. Ich hab' da keine Geduld.
Interviewerin:	Können Sie mit Geld umgehen?
Tobias:	Kein Problem! Das ist sowieso alles automatisiert, nicht wahr?
Interviewerin:	Ja, ja. Haben Sie noch irgendwelche Fragen?
Tobias:	Ja. Geld. Ähm, Trinkgeld. Kunden geben natürlich Trinkgeld für die Kellner. Ich hab' gehört, die müssen das teilen mit anderen Mitarbeitern? Stimmt das?
Interviewerin:	Richtig, das stimmt.
Tobias:	Na ja, aber, ich mein', das ist doch nicht gerecht. Also, ich bin ja der, der das Geld verdient. Ich benehm' mich gut, und die geben mir ja das Trinkgeld. Dann ... die anderen haben Pech gehabt, oder?
Interviewerin:	Danke. Ich denke, das genügt für heute.

answers

Situation 1. **Urlaubskrieg!**

2 Man erwähnt:
Cornwall, York, Schottland, die Südküste, Yorkshire, London, Brighton, das Seengebiet, Bath, Stratford, Oxford

3
- **a** Stephan
- **b** Sabine
- **c** Sabine
- **d** Christian
- **e** Sabine
- **f** Sabine
- **g** Sabine
- **h** Stephan
- **i** Stephan
- **j** Sabine
- **k** Christian
- **l** Christian
- **m** Christian
- **n** Stephan
- **o** Stephan

4 a F **b** F **c** F **d** R **e** R **f** F **g** R **h** F **i** R **j** F **k** R **l** F

6 a ii **b** iv **c** vi **d** vii **e** xii **f** x **g** xi **h** ix **i** viii **j** v **k** i **l** iii

Situation 2. **Fußball, mein Lieblingsspiel**

2 In einer Mannschaft: Fußball, Football, Eishockey, Rugby
Als Einzelne/r: alle anderen

3
- **a** 9
- **b** 2
- **c** 4
- **d** 12
- **e** 6
- **f** 7
- **g** 1
- **h** 10
- **i** 5
- **j** 3
- **k** 11
- **l** 8

4
- **a** heute abend
- **b** seitdem er drei oder vier Jahre alt war.
- **c** oft
- **d** ein einfaches Spiel
- **e** jeden Sonntag
- **f** sinnlos
- **g** das Gemeinschaftsgefühl
- **h** am Sonnabend
- **i** zu unterstützen
- **j** nicht so gut
- **k** dabei
- **l** 200.000

5
- **a** langweilig
- **b** versteht – faszinierend
- **c** seinem Bruder – Freunden – anderen Jungen
- **d** fit – schwimmen – läuft
- **e** Fußballverein
- **f** Mützen, Schals – Flaggen
- **g** Mannschaft
- **h** den Gegner
- **i** Gemeinschaftsgefühl
- **j** Bankangestellter

ANSWERS

Situation 3. Eine neue Wohnung

1 (normalerweise)
Küche: **b, c, g, h, k, m**
Wohnzimmer: **e, i, l**
Schlafzimmer: **a, d, f, j**

2 Erwähnt:
a, b, d, f, h, j, l, m, o, p, q, s, t

3 In dieser Reihenfolge
- **e** Ja, Sabine, in acht Tagen wirst du deine eigene Wohnung haben.
- **h** Ach, Mutti, mach' dir da mal keine Sorgen!
- **d*** Jetzt hör' aber mal auf zu meckern.
- **b** Und Weingläser und Biergläser, die kann ich auf dem Markt kaufen.
- **a** Versprich mir, daß du dich richtig ernährst mit Vitaminen, Obst und Gemüse.
- **c** Und wenn du willst, kannst du auch am Wochenende nach Hause kommen.
- **f** Du hast ja jetzt nicht mehr deine Mutti, die dir dein Zeug saubermachen kann.
- **g** Der muß unbedingt mitkommen, den darf ich nicht vergessen.
- * Diesen Satz hören wir noch einmal zwischen **f** und **g**.

4
- **a** in acht Tagen
- **b** von Tante Ingrid
- **c** zwei Stühle für die Eßecke
- **d** im Sommerschlußverkauf bei Kaufhof
- **e** im Juni, zum Geburtstag
- **f** Nein
- **g** Sie geht zum Waschsalon (fünf Minuten von der Wohnung entfernt)
- **h** von ihrer Mutti als Geburtstagsgeschenk
- **i** ihr Teddybär

Situation 4. Stehlen? Was? Ich?

1 a v b viii c x d vii e i f ix g iii h iv i vi j ii

2 a S b C c C d S e T f C g T, M h T, S i C j S k S l M m C n M o T

3
- **a** Tobias: arbeitet in einer Bank. Wenn das Geld am Ende des Tages nicht stimmt, dann müssen die Angestellten bleiben, bis sie den Fehler finden.
- **b** Stephan: hat von einem Lehrer gehört. Er wohnte neben der Schule, hat Kohle von der Schule für seine Heizung zu Hause mitgenommen.
- **c** Christian: In einer großen Firma wird es fast erwartet, daß die Arbeitnehmer stehlen.
- **d** Martina: Als Designerin bekommt sie Exemplare. Sie darf Kuchen, Kekse usw. behalten.
- **e** Martina: Kollegen stehlen, wenn sie Zeit in den Toiletten verbringen, quatschen, Romane lesen.

4
- **a** Das sind Kleinigkeiten. Das macht nichts aus.
- **b** Das ist bisher nur zweimal passiert.
- **c** Wer weiß denn schon, ob ich nun gerade eine Privatreise mache oder nicht?
- **d** Ich bin unterbezahlt.
- **e** Das ist allgemein akzeptiert.
- **f** Da haben die Mitarbeiter so allerlei Sachen geklaut.
- **g** Aber keiner merkt doch, wenn ein Hammer fehlt.
- **h** Das ist nicht richtig, meiner Meinung nach.

ANSWERS

Situation 5. Mein Job – 1

1 a vii (M) b xi (M) c xii (M) d i (F) e xv (F) f ix (M) g ii (M) h xiv (M) i iv (F) j iii (F) k v (M) l viii (F) m vi (M) n x (M) o xiii (F)

2 a ... von 8.30 Uhr
b ... dauert 1½ Stunden
c ... seit 1½ Jahren
d ... Fächer wie Kunst, Nähen, Handarbeit
e ... sie hat es am allerliebsten ...
f ... mit buschigen, unordentlichen, langen Haaren.
g ... vor 5–6 Wochen
h ... wollen nur lesen
i ... wollen die Zeitung oder ein Buch lesen
j ... wollte sich die Haare schneiden lassen

3 a nein b nein c ja d nein e nein f nein g ja h ja i nein j ja

4 a Montag bis Samstag 8.30 Uhr bis 12.30 Uhr und 2 Uhr bis 6 Uhr
Mittwoch nachmittags geschlossen
Freitags bis 8 Uhr geöffnet
b Praktische Fächer (wie Kunst, Nähen, Handarbeit)
c Wenn junge Leute in den Laden kommen, wenn sie neue Stile ausprobieren kann, wenn sie schöpferisch sein kann.
d Ihre Haare waren lang, buschig, unordentlich.
e 15 Jahre
f Über alles Mögliche – Fernsehen, Filme, Ferien, Einkaufen
g Lesen
h Er war arrogant. Er wollte seinen Walkman nicht absetzen.

Situation 6. Was ißt man eigentlich?

1

		Fisch	Obst	Gemüse	Fleisch
a	Forelle	✓			
b	Trauben		✓		
c	Bananen		✓		
d	Schinken				✓
e	Rosenkohl			✓	
f	Birnen		✓		
g	Makrele	✓			
h	Zwiebeln			✓	
i	Erbsen			✓	
j	Hähnchen				✓
k	Stachelbeeren		✓		
l	Zitronen		✓		
m	Ente				✓
n	Kabeljau	✓			

ANSWERS

		Fisch	Obst	Gemüse	Fleisch
o	Truthahn			✓	
p	Spinat			✓	
q	Gurken			✓	
r	Kürbis			✓	
s	Sardinen	✓			
t	Pfirsiche		✓		

2
a zwanzig Prozent
b fünfunddreißig Komma fünf Prozent
c null Komma fünf Prozent
d eine Hälfte
e zwei Drittel
f anderthalb oder eineinhalb
g sechsundzwanzig Grad
h minus sechs
i vom zehnten bis zum zwölften
j der zwanzigste

3 erwähnt: a c e g h j l n o p   nicht erwähnt: b d f i k m

4 a R b F c F d F e R f R g F h F i F j R

5 (Sieh dir den Text an)

6 a ja b ja c ja d ja e nein f nein g nein h nein i ja j nein k nein l ja m nein

Situation 7. Jürgen – Schüler in den 30er Jahren

1 Stammtisch, Rasenmäher, Autoabgase

2

	Substantiv	Verb
a	Lehrer	lehren
b	Ausbildung	ausbilden
c	Versuch	versuchen
d	Information	informieren
e	Ausdruck	ausdrücken
f	Mischung	mischen
g	Ende	enden
h	Aufklärung	aufklären
i	Behauptung	behaupten
j	Ursache	verursachen

3 a R b F c F d F e R f F g F h R i F j R k R

75

ANSWERS

4 a iv, x, i, vi, iii, ix, v, viii, ii, vii

  b   **i**   Jürgen war Soldat von 1942 bis 1945.
     ii   Er hat Griechisch in der Schule gelernt.
     iii   In Geschichte hat er von Ruhm und Ehre des deutschen Volkes gelernt.
     iv   Er hat sehr wenig über Englands Geschichte gelernt.
     v   Er hat gelernt, daß der Neid der anderen Völker eine Ursache des 1. Weltkriegs war.
     vi   Es gab Probleme zwischen Frankreich und Deutschland mit der Grenze in Elsaß-Lothringen.
     vii   Die Niederlage Deutschlands im 1. Weltkrieg war ein Schandfleck in der deutschen Geschichte.
     viii   In den 60er Jahren hat man begonnen, die Jugend aufzuklären.
     ix   In der Hitlerjugend und im BDM haben die jungen Leute zusammen Sport getrieben.
     x   Alles war mit Propaganda überlastet.

5 a Abschluß
  b Mädchenschule
  c Vaterland
  d Nazizeit
  e Vergleich
  f empfunden
  g Lehrer
  h dreißiger/30er
  i Freizeitaktivitäten
  j heutige

Situation 8. **Militärdienst oder Zivildienst?**

1

a	Substantiv	Verb
	Bestimmung	bestimmen
	Tod	töten
	Versuch	versuchen
	Überzeugung	überzeugen
	Meinung	meinen
	Wahl	wählen
	Arbeit	arbeiten
	Entscheidung	entscheiden
	Mord	ermorden
	Information	informieren
b	**Adjektiv**	**Substantiv**
	friedlich	Frieden
	frei	Freiheit
	geduldig	Geduld
	liebevoll	Liebe
	jährlich	Jahr
	aggressiv	Aggression
	kommunistisch	Kommunist
	wichtig	Wichtigkeit
	demokratisch	Demokratie
	mächtig	Macht

ANSWERS

2
- a T
- b S
- c T
- d S
- e S
- f C
- g T
- h C
- i T
- j C
- k T
- l S
- m S
- n T

3
a Auch wenn es länger ware, würde ich hingehen.
b Ich finde, man soll die Schwächeren, die Frauen und Kinder, schützen.
c Viele in der Welt wollen die Macht ergreifen.
d Ich bin absolut sicher, daß es nie richtig ist, einen anderen Menschen zu töten.
e Ich könnte nie einen anderen Menschen erschießen.
f Meine Familie hat versucht, mich zu überzeugen.
g Man muß gegen diese Art von Aggression mit Geduld und Liebe ankämpfen.
h Ich habe mich sehr schwer getan mit der Entscheidung.
i Das ist was ganz anderes.
j Von welcher Seite auch immer . . .
k Dadurch, daß man anderen Leuten zuhört . . .
l Ein geeintes, friedliches Europa.

4
a Christian meint, er wird zum Bund gehen.
b Christians Vater hat es gemacht, und sein Sohn wird es bestimmt auch tun.
c . . . in Frieden und Freiheit zu leben.
d . . . daß es nie richtig ist, einen anderen Menschen zu töten.
e . . . ist alles klinisch und automatisiert.
f In Osteuropa, Nordirland und Südafrika . . .
g Tobias hat gewählt, 15 Monate in einem Altersheim zu arbeiten.
h Stephan hat sich entschieden, hinzugehen.
i Propaganda . . . gibt es auch heute noch in vielen Ländern.
j . . . ein großes Land mit sehr viel Macht.

Situation 9. **Karneval**

1 a iii b vi c x d vii e ii f v g viii h i i iv j ix

2 Erwähnt: **a** (8) **d** (5) **f** (1) **h** (7) **l** (3) **n** (4) **p** (2) **q** (6)

3
a Du mußt mindestens achtzehn Jahre alt sein und bist dann Weinkönigin für ein ganzes Jahr. (M)
b Fasching ist nichts für mich. (C)
c Und das mache ich also seit meiner Kindheit. (T)
d Meine Maske dieses Jahr ist eine Brille mit einer großen Nase und einem Schnurrbart. (T)
e Ja, früher, als ich noch ein Kind war, war das anders. (C)
f Und wir haben einen Umzug durch die Straßen und ich werfe Süßigkeiten für die Kinder. (M)
g Rosenmontag, Faschingsdienstag bleibe ich zu Hause oder ich besuche meine Schwester. (C)
h Und dann, am nächsten Tag ist leider alles vorbei. (T)
i Ich hab' normalerweise viel Angst und hab' mir schon vorher Notizen gemacht. (M)
j Dann werden die Glocken geläutet und danach ist alles ruhig. (T)

4
a Seit 1796.
b Sie ist – die Tochter eines Winzers.
   – das schönste Mädchen in der Gegend.
   – mindestens 18 Jahre alt.
c Sie sitzt auf einem LKW mit ihren Prinzessinnen.
d Sie muß eine Rede halten.
e Die meisten Leute sind betrunken und merken die Fehler nicht.

ANSWERS

   f Sie machen ihre eigenen Masken.
   g Eine Maske mit einer Brille, einer großen Nase und einem Schnurrbart.
   h Bockwurst, Currywurst, Gebäck.
   i Am Aschermittwoch.
   j Seit 6 Jahren/Seitdem ihr Mann gestorben ist.
   k Sie bleibt zu Hause oder besucht ihre Schwester.

Situation 10. Ich bin in Ost-Berlin geboren

1 Bolivien, Ägypten, Chile

2
a	viii	**f**	ix
b	x	**g**	iv
c	vi	**h**	iii
d	i	**i**	v
e	ii	**j**	vii

3 a und b Er war 3 Monate alt, als 1961 die Mauer gebaut wurde.
   c Er hatte Verwandte im Westteil – sie waren nur 1 km weg.
   d Seine Verwandten haben ihn besucht – einmal pro Jahr.
   e Mit 19 oder 20 Jahren hat er begonnen, Pläne zu machen.
   f Vom Bahnhof Friedrichstraße im Osten zum Bahnhof Zoo im Westen war nur 5 Minuten.
   g Sein Bruder ist 2 Jahre älter als Erkan.
   h Erkan hat DM 1.000 zahlen müssen.
   i Er ist einen Monat in Bulgarien geblieben.
   j Seine Eltern sind 1986 herübergekommen.
   k Leute, die älter als 65 waren, durften herüberkommen.
   l Die Mauer wurde 1989 abgerissen.
   m Er ist froh, daß er vor 10 Jahren herübergekommen ist.

4 a Monate – Mauer
   b erinnere
   c Möglichkeit
   d manchmal
   e innerhalb
   f Geschichten
   g Kofferraum eines Autos
   h dramatisch
   i einen Paß
   j die Grenze
   k einer Tante – einem Onkel
   l Journalist
   m noch Schwierigkeiten
   n sehr schwer – Stelle
   o Probleme – Drogen

5 a F **b** R **c** F **d** F **e** R **f** R **g** R **h** R **i** F **j** R **k** F **l** R **m** R **n** R

7 1933: Hitler kam an die Macht.
   1936: Olympische Spiele in Berlin. Die Nationalsozialisten demonstrierten ihre Macht.
   1939: Beginn des 2. Weltkrieges.
   1945: Ende des 2. Weltkrieges.
   1948: Grundgesetz. Luftbrücke in Berlin.
   1961: Mauerbau.
   1989: Mauerfall.
   1990: Wiedervereinigung.

ANSWERS

Situation 11. Was sollte man anziehen?

1

Tragen	*Essen*
Kontaktlinsen	Linsen
Anzüge	Eintopf
Gummistiefel	Kopfsalat
Melone (= bowler hat)	Gummibärchen
Mütze	Melone (= melon)
Pantoffeln	Kartoffeln
Regenmantel	Brezel
Sonnenbrille	Knoblauch

3

		Ja	Nein
a	Ich habe eine neue Stelle in einer Bank.		✓
b	Ich habe letzte Woche eine Zeitschrift gelesen.		✓
c	Männer achten nur auf das Äußere.	✓	
d	Frauen mit Kontaktlinsen arbeiten besser als Frauen mit Brille.		✓
e	Männer haben mehr Ehrgeiz als Frauen.		✓
f	Ich habe nächste Woche ein Vorstellungsgespräch.	✓	
g	Ich möchte mir die Haare färben lassen.		✓
h	Mein neuer Stil ist ganz modern.		✓
i	Die Fragen in meinem Vorstellungsgespräch waren nicht leichter als vorher.	✓	
j	Männer glauben, rothaarige Frauen sind nicht vertrauenswürdig.	✓	
k	Ich bin froh, daß ich keinen Schnurrbart habe.	✓	

4
  a Versicherungsfirma
  b Artikel – Zeitung
  c achten
  d blonde Frauen
  e Brille – Kontaktlinsen
  f professioneller – Ehrgeiz
  g gut bezahlt
  h lang – blond
  i Kostüm – Aktentasche
  j letzte Woche – letzten Monat

5
  a (Ich) gratuliere!
  b Die Männer hören nie zu, was die Frauen sagen.
  c Sie glauben, daß Frauen in dunkelblauen Kostümen professioneller handeln.
  d Das ist ja unerhört!
  e Du weißt ja, wieviele Vorstellungsgespräche ich hatte, ohne Erfolg.
  f Ich habe mir die Haare färben lassen.
  g Es ist ein so altmodischer Schnitt.
  h Es war der „Profi-Effekt".
  i Die Antworten waren genau dieselben, wie die früher schon waren.
  j Das gleiche gilt übrigens für Männer mit Schnurrbart.

ANSWERS

7 a Ich gratuliere zum Geburtstag.
  b Die Kinder hören nie zu, was ihre Eltern sagen.
  c Er glaubt, daß Männer im schwarzen Anzug professioneller handeln.
  d Das ist ja unglaublich!
  e Alle wissen/Jeder weiß, wieviele Briefe ich geschickt habe – ohne Erfolg.
  f Ich habe mir das Auto waschen lassen.
  g Es ist ein so moderner Stil.
  h Er war ein richtiger Profi.
  i Die Fragen waren genauso schwierig wie früher.
  j Das gleiche gilt übrigens für Frauen mit Kontaktlinsen.

Situation 12. Bist du Tierfreund?

1 a viii
  b iv
  c x
  d i
  e vii
  f ii
  g ix
  h iii
  i v
  j vi

2 Erwähnt:
  b (Christian)
  c (Sabine)
  d (Christian)
  h (Sabine)
  k (Christian)
  o (Christian)
  p (Sabine)
  q (Christian)
  r (Christian)

3 a seit mehr als zwei Jahren.
  b der Mensch hat kein Recht, ein Tier zu töten.
  c Gemüse und Obst sind gesünder als Fleisch.
  d 36 Schweine und 550 Hähnchen.
  e Tiere auszubeuten.
  f Tausende
  g Schmuck
  h kleinere Tiere
  i einem Tier die Haut mit chemischen Substanzen zu verbrennen.
  j Tiere haben Ersatzherzen bekommen.
  k Tiere fühlen genauso gut wie Menschen.

4 a Seit über 2 Jahren.
  b Gemüse, Nüsse und Obst.
  c Daß man in Europa im Durchschnitt im Laufe des Lebens 36 Schweine, 36 Schafe, 8 Kühe und 550 Hähnchen ißt.
  d Sie werden nur gezüchtet, um noch mehr Fleisch, Milch und Käse zu produzieren.
  e Man macht daraus Vasen und Schmuck.
  f Zoos sind Gefängnisse/Sie müssen abgeschafft werden.
  g Er findet Tierforschung grausam und unmenschlich/Er meint, wir brauchen keine Shampoos, Kosmetika, Seifen . . .
  h Daß wir alles sowieso erfunden hätten, ohne Tierforschung, ohne daß Tiere gelitten hätten.
  i Man füttert ein Tier langsam mit Gift, bis es stirbt. Man verbrennt die Haut mit verschiedenen chemischen Substanzen. Man tut Flüssigkeit in die Augen, bis es brennt und bis das Tier blind wird.

ANSWERS

Situation 13. **Weihnachten**

1 Feuerwerk, Strand, Karfreitag, Fastenzeit

2
- a C
- b M
- c S
- d C
- e S
- f M
- g S
- h T
- i C
- j M

3

		Martina	Claudia	Tobias	Stephan
a	We have to repeat everything two or three times.	✓			
b	I like the traditional things.		✓		
c	People eat too much, then have to go on a diet.			✓	
d	We forget that we are celebrating the birth of Christ.			✓	
e	On 23rd December I go to the pub with people from work.				✓
f	Before Christmas there's always a lot to do.	✓			
g	My parents get on my nerves.	✓			
h	It's only once a year.				✓
i	After three or four days everything is back to normal.	✓			
j	A lot of money is wasted.			✓	
k	We used to bake special cakes.		✓		
l	Easter is different.			✓	
m	My younger brothers and sisters make a lot of noise.	✓			
n	I sit in front of the TV and forget my problems.				✓
o	I like to hear Christmas carols.		✓		

4
- a Weihnachtsfeiern
- b der Bonus vom Arbeitgeber
- c dreizehntes Gehalt
- d mir auf die Nerven
- e nicht sehr gut
- f Geschenken – Kerzen – Kugeln
- g anders geworden
- h Lieblingslied
- i heutzutage – viel
- j Diät halten
- k einen Kater
- l vor allen Dingen
- m Jahr lang – Probleme – Schwierigkeiten
- n die Glotze

5
- a ein dreizehntes Monatsgehalt
- b Sie sind alle aufgeregt.
- c Sie gehen mir auf die Nerven.
- d Er wiederholt dieselben Dinge.
- e trotzdem
- f das Traditionelle

ANSWERS

    g Man hat einen Kater.
    h ähnlich
    i Das ärgert mich.
    j Ich setze mich vor die Glotze.

Situation 14. **Sammi die Schlange**

2 **a** 2 **b** 4 **c** 4 **d** 6 **e** 0 **f** 2 **g** 0 **h** 2 **i** 8 **j** 4 **k** 4 **l** 4 **m** 0 **n** 4 **o** 4 **p** 6 **q** 0 **r** 4 **s** 0

3 Erwähnt: **a** (7) **c** (3) **e** (5) **g** (1) **i** (4) **k** (6) **m** (2)

4 a Boas können 25 bis 30 Meter lang werden.
   b Sammi ist 6 Jahre alt.
   c Ich habe sie vor 2½ Jahren gekauft.
   d Es ist nicht gut, sie 24 Stunden im Aquarium liegen zu lassen.
   e Ich habe Fritti vor 4 Jahren gekauft.
      oder: drei bis vier Monate mußte ich auf Fritti warten.
   f Sie leben lange, über 50 Jahre.
   g Fritti ist zehn Jahre alt.
   h Fritti wiegt drei Kilo.
   i Er ist 83 Zentimeter vom Kopf bis zum Ende der längsten Feder des Schwanzes.
   j Sie denken an den Schwarzen Tod in Europa im 14. Jahrhundert.

5 Erwähnt:
   b, j: Fritti ist *hellrot*, grün, *blau*.
   d: Sie denken an den *Schwarzen* Tod in Europa.
   e: i) Sammi ist dunkelbraun, *hellbraun*, weiß, ein bißchen rot.
      ii) Susanne ist ein bißchen *hellbraun*.
   h: i) Fritti hat kleine *weiße* Federn auf dem Kopf.
      ii) Sammi ist *weiß*.

6 a Sammi
   b Fritti
   c Susanne
   d Sammi
   e Susanne
   f Sammi
   g Susanne
   h Sammi
   i Fritti
   j Susanne

7 a vor 2½ Jahren
     durch ein Inserat in der Zeitung
   b in einem Aquarium
   c meistens Pflanzen, auch Fleisch, Hähnchen, Essensreste, ab und zu eine Maus oder einen Wurm.
   d aus Peru
   e Tschüß
   f „Ich liebe dich" und „Halt's Maul"
   g Vogelfutter
   h die kleinen, weißen Federn auf dem Kopf
   i Sie ist niedlich, sehr freundlich, wirklich intelligent.
   j Sie kauft es im Geschäft.
   k Sie spielen auf dem Tisch, jagen sich im Wohnzimmer, sind hinter dem Sofa und unter dem Tisch.

ANSWERS

Situation 15. **Männer gegen Frauen**

2 Erwähnt: **b, e, i, k, o**

3
a 4
b 10
c 73%
d 69%
e 50%
f 7
g 80%
h 24
i 13

4 a i b iii c ii d iii e i f iii g i h ii

5 Männer: a, d, g, j
Frauen: b, c, e, f, h, i, k

Situation 16. **Mein Job – 2**

1 Konzert
Geiger (*Violinist*)
Orgelmusik
Blaskapelle

2 Du hörst: **a, b, f, h, j, l, o**

3
a Darf ich Sie kurz unterbrechen?
 Was ist Ihr Name und was machen Sie hier?
b Sind Sie hier Student an der Universität?
c Und wie oft spielen Sie hier auf der Straße?
d Und das mit dem Akkordeon?
e Und das ist aus Spaß?
 Oder bekommen Sie Geld dafür?
f Wieviel kommt so in den Hut 'rein pro Tag?
g Stehen Sie immer hier an dieser Stelle?
h Und was ist der beste Platz?
i Und die besten Zeiten? Ist das morgens oder abends?
j Es gibt noch mehr Straßenmusikanten hier in der Stadt?
k Aber ist das genehmigt? Von den Behörden?
 Man muß doch sicher eine Genehmigung haben?
l Das klingt gut. Gibt's denn auch Nachteile?

4
a ... Er ist Student an der Universität.
b ... vielleicht 10 bis 12
c ... Stücke von Strauß wie z.B. die „Blaue Donau";
 oder Stücke von Mozart wie z.B. die „Kleine Nachtmusik"
d Er macht das nicht aus Spaß ...
e ... In einer schlechten Stunde sind es von 5–10.
f Er steht nicht gern, wo viel Verkehr ist. Da ist es nicht gut. Die Leute hören nicht richtig.
g Er steht gern am Eingang vom Kaufhaus, weil man Platz hat und weil es warm ist.
h Ein Bekannter von ihm (Seine Bekannte spielt Gitarre und singt.)
i Die Polizei hat wichtigere Sachen zu tun.
j Andere Studenten arbeiten in Cafés oder in Hotels.

ANSWERS

5 a iv
  b viii
  c i
  d vi
  e iii
  f ii
  g v
  h vii

Situation 17. **Fitneß? Ja, bitte**

1 a Fußgelenk
  b Knie
  c Ellbogen
  d Brust
  e Stirn
  f Augenbrauen
  g Oberarm
  h Daumen
  i Handgelenk
  j Bauch
  k Schienbein
  l Zehe

2 a jeden Tag
  b alle drei Tage
  c jede Woche
  d zweimal in der Woche
     zweimal pro Woche
  e einmal in der Woche
     einmal pro Woche
  f morgens
  g jeden Nachmittag
  h abends
  i jedes Jahr
  j mindestens einmal im Monat

3 a keiner
  b keiner
  c Sabine
  d keiner
  e Christian
  f keiner
  g Tobias
  h Tobias
  i Claudia
  j keiner
  k Tobias
  l keiner
  m keiner
  n keiner
  o Sabine

4 a Der ist allerdings sehr schwer und eigentlich nur für richtige Sportler.
  b Früher hatte ich einen großen Bierbauch, aber jetzt ist er nicht mehr zu sehen.
  c Ich habe eigentlich schon die Absicht und die Lust, aber ich finde nie die Zeit.
  d Als ich angefangen habe, hat die ganze Familie gelacht.

ANSWERS

   e Wenn man ein Baby trägt, dann wird man auch fit.
   f Das macht natürlich wieder alles weg, was wir vorher gemacht haben.

5 a Er joggt hier im Park oder auf der Straße.
   b Er macht Übungen in der Sporthalle im Dorf.
   c–d Er geht zu Fuß zur Arbeit.
   e Sie geht mit anderen jungen Müttern auf den Trimm-dich-Pfad.
   f Sie geht regelmäßig laufen.
   g Jeden Tag trinkt sie Milch und nimmt Vitamintabletten.

6 Sieh dir den Text an.

Situation 18. Mein Vater ist Türke

1 a Frankreich   **g** Polen
   b Belgien   **h** die Schweiz
   c Griechenland   **i** Irland
   d die Türkei   **j** Bulgarien
   e Rußland   **k** Iran
   f Spanien   **l** Schottland

2

	Verb	Substantiv
a	arbeiten	Arbeit
b	bezahlen	Bezahlung
c	spielen	Spiel
d	bekleiden	(Be)Kleidung
e	behaupten	Behauptung
f	hassen	Haß
g	leben	Leben
h	überfallen	Überfall
i	liefern	Lieferung
j	bewerben	Bewerbung

3 a Berlin (Kreuzberg)
   b Bauarbeiter
   c zu Hause mit den Geschwistern
   d deutschen Kinder
   e ärmeren
   f aufs Gymnasium
   g behauptet – Rassismus
   h durfte – mitsingen
   i eine neue Stelle
   j „Geh' nach Hause"
   k Bekannte im Wohnblock
   l in Harmonie

4 a Elifs Eltern sind aus der Türkei.

85

ANSWERS

    b Kreuzberg ist ein Bezirk, wo viele Türken leben.
    c Elifs Vater hat als Bauarbeiter gearbeitet.
    d Elif hat vier Geschwister.
    e Die türkischen Väter sind oft arbeitslos.
    f Die meisten Türken gehen nicht aufs Gymnasium.
    g Birgit ist ein Mädchen aus Elifs Klasse.
    h Birgits Vater hat ohne Erfolg versucht, eine neue Stelle zu bekommen.
    i Birgits Freunde und Freundinnen haben Elif auf dem Heimweg überfallen.
    j Elifs Freund liefert Pizza aus.
    k Die deutschen Kunden sind oft unhöflich.

5 a   **i**   Die größte türkische Siedlung außerhalb der Türkei.
      ii   Das wird nicht sehr gut bezahlt.
      iii   Sie haben behauptet, es gibt keinen Rassismus hier.
      iv   Ich durfte nicht mitmachen.
      v   Ihr Vater hat sich um dieselbe Stelle beworben.
      vi   Ich hatte ein blaues Auge.
      vii   Alles hat mit der neuen Stelle meines Vaters begonnen.
   b   **i**   Die größte deutsche Siedlung außerhalb der Bundesrepublik.
      ii   Seine Stelle wird sehr gut bezahlt.
      iii   Er hat behauptet, es gibt keine Drogen hier.
      iv   Ich durfte nicht mitsingen.
      v   Ihr Bruder hat sich um die Stelle als Bauarbeiter beworben.
      vi   Er hatte zwei schwarze Augen.
      vii   Alles hat mit dem Brief von meinen Freunden begonnen.

Situation 19. Abenteuer in China

2 a Warst du diesen Sommer wieder in Urlaub mit deiner Freundin?
   b Und wie war das Essen?
   c Und welche Sehenswürdigkeiten habt ihr besucht?
   d Welche anderen Gebäude stehen um diesen Platz herum?
   e Und wo wart ihr dann noch?
   f Habt ihr euch denn irgendwelche Souvenirs mitgebracht?
   g Und wie sind die Menschen in China?

3 1. *Frage:*   **e, h, o, s, v**
    2. *Frage:*   **a, i, t**
    3. *Frage:*   **c, j, q, r**
    4. *Frage:*   **b, d, u, y**
    5. *Frage:*   **f, m, p, x**
    6. *Frage:*   **g, l, n, w**
    7. *Frage:*   **k**

4 a iv
   b vi
   c i
   d v
   e ii
   f iii

5 a bequem
     30 DM pro Nacht
     wenige Touristen
     ein modernes Hotel
     Geschäfte, Friseur, Restaurant (nur chinesisches oder cantonesisches Essen)
   b Reis mit Fischstückchen

ANSWERS

    Haferbrei – süßsauer
    Brot
    Kuchen
    Rührei
- **c** Es gab ein Gewitter mit Blitzen und Donnern.
  Ein Mann neben Claudia ist von einem Blitz erschlagen worden. Er ist gestorben.
- **d** Sonnenhut aus Stroh
  Stempel mit ihrem Namen in chinesischen Buchstaben
  Jadehase
  Bilder
  Seidenjacke
  Tigerbalsam

6 a Leider konnte keiner Deutsch.
  b Wir haben mit Händen und Füßen geredet.
  c Ich ärgere mich.
  d Es ist ein riesiger Platz mit 40 Hektar.
  e Das werde ich nie vergessen.
  f Sie stammen aus dem dritten Jahrhundert vor Christus.
  g Ich bin im Jahre des Hasen geboren.

Situation 20. Wie sieht man die Briten?

1 Positiv: **a, b, d, f, j, k, n, o**
Negativ: **c, e, g, h, i, l, m**

2 1. Person: **f, k, o**
   2. Person: **a, j, n**
   3. Person: **b, d, h**
   4. Person: **c, i, m**
   5. Person: **e, g, l**

3 a Das ist hier in Deutschland sehr anders.
  b Die alte Generation, die sind wirklich am schlimmsten.
  c Wir waren in London und in den Gaststätten und Kneipen wurde nicht mit uns gesprochen.
  d Hier ist doch so viel in den Zeitungen über die „Royals".
  e Auch auf der Straße sind die Leute sehr hilfsbereit.
  f Was mir noch an Großbritannien gefällt ist, daß es so wenig Hektik und Streß gibt.
  g Die Engländer sind immer die tapferen, guten Soldaten.
  h Die Briten scheinen ganz schön stolz auf ihre Geschichte zu sein.
  i Hier in Deutschland denkt man viel über Politik nach.

4
- *gute* Disziplin
- Autofahrer sind sehr *geduldig*
- Ich finde das wirklich *gut*
- dieses *berühmte* Queuing
- in Deutschland sehr *anders*
- wirklich *am schlimmsten*
- Briten sind *unfreundlich*
- so *laute* Musik
- das fände ich *traurig*
- die Leute sehr *freundlich*
- viel *freundlicher* als ich erwartet hätte
- die Leute sehr *hilfsbereit*
- Er war sehr *höflich*
- viele *alte* Filme
- die *tapferen, guten* Soldaten

ANSWERS

- ganz schön *stolz* auf ihre Geschichte
- Da ist es ganz *normal*
- Das fände ich *wunderbar*
- haben wir *politische* Weltkunde
- sehr *ernst* über Politik
- sehr *wichtig* für uns

Situation 21. **Wenn ich die Schule verlasse ...**

2
a S
b M
c M
d S
e M
f S
g S
h S
i M
j S
k M
l M
m M
n M
o M
p M
q M
r S
s M
t M

3
a nach
b BWL
c in den Vereinigten Staaten
d hohen
e welches Fach sie studieren soll
f nicht das Wichtigste
g Afrika
h nicht
i als Geld
j als Geld

4
a S
b M
c S
d S
e M
f M
g keiner
h keiner
i S
j keiner
k M
l M
m S
n keiner

5
a Ich finde es nämlich sehr wichtig, Pläne zu machen.
b Ich könnte es nicht leiden, durchzufallen.
c Ohne Erfolg – da hat mein Leben keinen Sinn.
d Vielleicht mache ich Politik, vielleicht Wirtschaftswissenschaften.
e Er sagt, er hat eine Menge über sich selbst gelernt.
f Es gibt so viele Möglichkeiten.
g Mit dreißig, da will ich Filialleiter sein.
h Jeder ist für sich selbst, und es gibt Konflikte und zu viel Streß.

Situation 22. **Knabberst du?**

1 Schweinefleisch, Rindfleisch, Lamm, Hähnchen, Forelle, Lachs, Krabben, Sardinen, Ananas, Bananen, Zitronen, Himbeeren, Trauben, Schinkenbrot, Wurstbrot, Käsebrot, Salamibrot, Bockwurst, Leberwurst, Bratwurst, Bierwurst.

2 Erwähnt:
a (Christian) b (Claudia) c (Sabine) d (Sabine) e (Claudia) g (Sabine) i (Christian) k (Claudia) l (Christian) n (Claudia) o (Claudia)

3 f, j, a, d, i, b, h, k, e, c, g

ANSWERS

4 a ? b R c F d F e ? f R g ? h ? i F j F

5 Sieh dir den Text an.

6 a i b ii c iii d iii e i f i g ii h ii

Situation 23. Goldmedaille für Schwimmen

1
- Bronzemedaille
- Europameisterschaft
- Swimmingpool
- Schwimmklub
- Fernsehstar
- Kurzstrecke
- Kohlenhydrate
- Pizzarestaurant
- Vitamintabletten
- Hausaufgaben
- Brieffreund

2
a Alex hat früher in Amerika gewohnt. (ODER: Er hat Freunde in Amerika.)
b Die Kinder durften in Begleitung ihrer Eltern den Swimmingpool benutzen.
c Der Lehrer hat gemeint, Alex habe Talent.
d Schwimmen ist in Deutschland beliebter als Tennis.
e Schwimmer sind ebenso bekannt wie Fernsehstars.
f Er steht morgens um 5 Uhr auf.
g Abends trainiert er zwei bis drei Stunden.
h Er braucht 40 Minuten, um 3.000 Meter zu schwimmen.
i Er schwimmt mit einem Puls von 160 bis 170.
j Er schwimmt 100 Meter, dann hat er 20 Sekunden Ruhe.
k Er ißt viele Kuchen für die Energie.
l Alex nimmt Vitamintabletten – das ist heutzutage normal.
m Er macht Abitur. Er hat sehr viele Hausaufgaben.
n Er hat einen Brieffreund in England. Er schreibt Briefe auf Englisch.
o Er hat Freunde in Italien.
p Die Olympischen Spiele – das ist sein großes Ziel.
q Er will eine Goldmedaille gewinnen.

3
a Alex hat Bronzemedaillen, Silbermedaillen und eine Goldmedaille gewonnen.
b Er hat in Amerika gewohnt, als er zwei Jahre alt war.
c Die Kinder durften den Swimmingpool benutzen, wenn sie schon schwimmen konnten.
Die Nichtschwimmer durften ihn in Begleitung ihrer Eltern benutzen.
d Schwimmen ist beliebter als Tennis und ebenso beliebt wie Fußball.
e Drei- bis viermal pro Woche steht er um 5 Uhr auf . . .
f . . . schwimmt er zum Beispiel 50mal 100 Meter.
g . . . ißt er Kartoffeln, Nudeln, Kuchen.
h Alex hat Schulfreunde, aber er hat nicht viel Zeit für sie, weil er Abitur macht (und auch sein Training hat).
i Er sieht seinen englischen Brieffreund drei- bis viermal pro Jahr.
j Er meint, man soll sich nicht dazu zwingen lassen.

4
a mit fünf Familien geteilt
b Deshalb mußte ich
c ebenso bekannt wie Fernsehstars
d das ist mir erlaubt
e Puls . . . 170, was eben sehr gut für meine Kondition ist

89

ANSWERS

   f   normalerweise mit der ganzen Mannschaft zu einem Pizzarestaurant
   g   Freunden aus, zu Diskotheken zum Beispiel
   h   bis viermal pro Jahr bei Wettbewerben sehe
   i   die ich dann manchmal schwimmen muß
   j   wirklich gut zu werden, . . . den Sport wirklich mögen

6 nein: Schach, Damenspiel, Surfen, Kegeln, Rollschuhlaufen, Golf
alle andere: ja

Situation 24. Mein Auto – mein Freund

1 **a** x **b** xii **c** viii **d** i **e** ii **f** xi **g** xv **h** iv **i** v **j** iii **k** ix **l** xiv **m** vii **n** vi **o** xiii

2

Porsche	BMW	Mini	Opel
d,h,i,k	a,b,f,m,o	c,g,j,l	e,n

3 Stephan: a,d,i,m,o
Christian: b,e,h,l
Sabine: f,g,n
Claudia: c,j,k

4 **a** einem
    b mir – einen
    c zwar
    d daß
    e kriege – alle
    f deswegen
    g Das – wenn
    h selbst
    i Als – gab
    j genau
    k die
    l um damit
    m würde
    n dorthin – ein – weiß

5 **a** so quasi als Symbol meines Erfolges
    b alle zwei Jahre
    c Darauf lege ich schon großen Wert.
    d Mich ärgern diese Leute.
    e Eigentlich bin ich ziemlich umweltfreundlich.
    f ein Zeichen dafür, daß wir nichts mit dem Materialismus zu tun haben wollen
    g Mir gehen die Leute auf die Nerven.
    h Sie behaupten, ihr Auto hätte eine Persönlichkeit.
    i Ohne Auto kann man unmöglich in einem Supermarkt einkaufen.

ANSWERS

Situation 25. Haushalt

2

		Stephan	Christian	Martina	Tobias
a	bügeln	✓	✓	✓	✓
b	einkaufen	✓	✓	✓	✓
c	Fenster putzen	✓			
d	Fenster reparieren				✓
e	Elektrisches	✓			✓
f	saubermachen	✓	✓		✓
g	Betten machen	✓		✓	✓
h	streichen				✓
i	mit dem Hund spazierengehen	✓			
j	kochen		✓	✓	✓

3
- a Martina
- b Tobias
- c Stephan
- d Stephan
- e Martina
- f Stephan
- g Stephan
- h Martina
- i Christian
- j Christian

4
- a Stephan macht: Betten machen, saubermachen, mit dem Hund spazieren gehen, einkaufen gehen, Fenster putzen, elektrische Sachen
  macht nicht: spülen, bügeln
- b Christian macht: kochen, staubsaugen, saubermachen, bügeln
  macht nicht: —
- c Martina macht: Wäsche waschen, Betten machen, kochen, spülen, einkaufen, bügeln
  macht nicht: Gartenarbeit
- d Tobias macht: Auto waschen (im Waschautomat), Elektrisches, Wasserleitungen, Gartenarbeit, Fenster reparieren, streichen
  macht nicht: kochen, waschen, Betten machen, saubermachen, einkaufen

5 Sieh dir den Text an.

Situation 26. Das Interview – 1

1
- a ARBEITSSTUNDEN (vii)
- b GEHALT (x)
- c UNIFORM (i)
- d ARBEITGEBER (viii)
- e ARBEITNEHMER (ii)
- f MITARBEITER (iii)
- g VERANTWORTUNG (ix)
- h ÖFFNUNGSZEITEN (iv)
- i KOLLEGEN (v)
- j BÜRO (vi)

2
- a Wie ist Ihr Name?
- b Darf ich Sie fragen warum?
- c Warum haben Sie sich bei uns beworben?
- d Wer war das?
- e Was denken Sie denn ist wichtig für einen Kellner?

ANSWERS

    f Kommen Sie mit der Sprache zurecht? Können Sie diese Fragen beantworten?
    g Können Sie mit Geld umgehen?
    h Was ist sonst noch wichtig?
    i Das stimmt. Und?
    j Können Sie mit anderen Leuten zusammenarbeiten?
    k Haben Sie noch irgendwelche Fragen?
    l Ist das ein Problem für Sie?

3
  a nein   **i** ja
  b ja   **j** ja
  c nein   **k** nein
  d ja   **l** nein
  e ja   **m** ja
  f nein   **n** ja
  g ja   **o** nein
  h nein

4
  a Ich gehe jetzt auf die Universität, seitdem ich die Schule verlassen habe.
  b Ein freundlicher und höflicher Mensch, wirklich ein guter Mitarbeiter.
  c Die Kunden wollen das Essen genießen.
  d Sie stellen oft Fragen über die Gegend, über die Sehenswürdigkeiten.
  e Kommen Sie mit der Sprache zurecht?
  f Ich kenne die Gegend wie meine Westentasche.
  g Da habe ich eine große Verantwortung übernommen.
  h Wie ist das mit dem Waschen und dem Reinigen?
  i Ich bin dafür, daß ein Kellner so schick wie möglich aussieht.
  j Ich werde Ihnen bald Bescheid geben.

Situation 27. Das Interview – 2

1 **a** x **b** xii **c** vi **d** xiii **e** viii **f** i **g** iii **h** xi **i** iv **j** vii **k** v **l** ix **m** xiv **n** ii

2 **a** R **b** F **c** F **d** R **e** R **f** F **g** R **h** F

3
  a Blöde Leute haben als Kellner gearbeitet.
  b Ich bestelle ein Omelett – der Kellner bringt einen Fisch.
  c Touristen – die gehen mir auf die Nerven.
  d Er hat Krach mit seiner Freundin gehabt.
  e Er bekommt Trinkgeld, andere Kellner bekommen nichts – die anderen haben Pech.
  f . . . als Bademeister im Freibad – mit Sonne, Wasser, schönen Mädchen und so.
  g Er hat Krach mit seiner Freundin gehabt/Er hatte vor, mit ihr in den Urlaub zu fahren.
  h Er bestellt Bratkartoffeln – der Kellner bringt Salzkartoffeln.

4
  a Die Frau hat seine weiteren Unterlagen vor sich.
  b Er hat Krach mit seiner Freundin gehabt.
  c Ihn ärgert es, wenn er in einem Restaurant ist und der dumme Kellner das falsche Gericht bringt.
  d Das ist ihm letztes Jahr in diesem Restaurant passiert.
  e Sie gehen ihm auf die Nerven.
  f Alles ist sowieso automatisiert.
  g Er findet es nicht gerecht, daß die Mitarbeiter das Trinkgeld teilen. (Wenn die Kunden ihm Trinkgeld geben, hat er das Recht, das Geld zu behalten.)